Cahier d'apprentissage
Savoirs et activités

Rafale

Français
2e cycle du primaire • 2e année

Geneviève Brassard
Joëlle Caron
Julie Lamontagne
Sara Marchessault

CHENELIÈRE
ÉDUCATION

Rafale
Français, 2e cycle du primaire, 2e année

Cahier d'apprentissage A

Geneviève Brassard, Joëlle Caron, Julie Lamontagne,
Sara Marchessault

© 2014 TC Média Livres Inc.

Édition : Pascale Couture
Coordination : Caroline Brosseau
Révision linguistique : Sylvie Massariol
Correction d'épreuves : Danielle Maire
Conception graphique : Pige Communication
   et Josée Brunelle
Infographie : Pige Communication
Conception de la couverture : Pige Communication
   et Josée Brunelle
Impression : Imprimeries Transcontinental

5800, rue Saint-Denis, bureau 900
Montréal (Québec) H2S 3L5 Canada
Téléphone : 514 273-1066
Télécopieur : 514 276-0324 ou 1 800 814-0324
info@cheneliere.ca

ISBN 978-2-7650-4710-0

Dépôt légal : 2e trimestre 2014
Bibliothèque et Archives nationales du Québec
Bibliothèque et Archives Canada

Imprimé au Canada

1 2 3 4 5 ITIB 18 17 16 15 14

Nous reconnaissons l'aide financière du gouvernement du Canada par l'entremise du Fonds du livre du Canada (FLC) pour nos activités d'édition.

Remerciements

Pour leur collaboration à titre de consultants pédagogiques, l'Éditeur tient à remercier les enseignantes suivantes : Christine Beaulieu (C.S. de la Capitale), Dulce Correia (C.S. de Montréal), Mélanie Foti (C.S. de Montréal), Amélie Jasmin (C.S. Marguerite-Bourgeoys), Véronique Maurice (C.S. des Premières-Seigneuries), Isabelle Rochette (C.S. Marguerite-Bourgeoys).

L'Éditeur tient à remercier tout spécialement Caroline Loyer (C.S. des Samares).

Sources iconographiques

Page couverture : Shutterstock (lettres, feuilles, fond, petit gâteau et chauve-souris), Louise Catherine Bergeron (bouteilles et ballon de soccer), Geneviève Després (renard Rafi), Benoît Laverdière (chapeau et araignée).

iStock : p. 18 (ballon sur pelouse), **p. 85** (joueuse violon).

Shutterstock : p. 5 (arbre), **p. 7** (soleil), **p. 8** (logo recyclage, objets et bacs), **p. 12** (sac légumes), **p. 13** (bacs de couleurs), **p. 20** (ballon et filet), **p. 25** (ronde enfants), **p. 26** (clémentine), **p. 28** (crayons), **p. 29** (terre), **p. 34** (squelettes), **p. 43** (bord de mer et brume), **p. 45** (escargot caché), **p. 47** (deux œufs), **p. 49** (monstre), **p. 50** (épouvantail), **p. 51** (feuilles d'automne), **p. 52** (citrouilles), **p. 53** (petits gâteaux), **p. 54** (les deux chauve-souris), **p. 55** (hibou et chouette), **p. 57** (bottes pluie colorées), **p. 58 et 59** (chauve-souris papier), **p. 60** (fleur et papillon), **p. 64** (désert Sahara et rives Nil), **p. 65** (Burj Khalifa et pyramide Khéops), **p. 67** (palette peintre), **p. 70** (chat qui baille), **p. 75** (bousier), **p. 77** (singe), **p. 78** (termitière), **p. 81** (hautes herbes), **p. 83** (image ville), **p. 84** (grande roue), **p. 88** (tour Eiffel), **p. 89** (vieille radio), **p. 91** (ciel et nuages), **p. 92** (fusée rouge), **p. 93** (bouée), **p. 102** (père Noël en bois), **p. 103** (biscuits), **p. 108** (pile cadeaux), **p. 110** (cheval de bois), **p. 114** (dragon chinois), **p. 116** (chapeau de cow-boy), **p. 117** (harde de loups), **p. 118** (loups et louveteaux), **p. 124** (étoiles couleur), **p. 125** (masque).

Photographie de Charles Lindbergh (p. 86) : United States Library of Congress's Prints and Photographs division under the digital ID cph.3a23920

Photographie du *Spirit of St. Louis* (p. 87) : Photo Ad Meskens

Photographie des « hommes de boue » en Papouasie-Nouvelle-Guinée (p. 111) : Charles et Josette Lénars

Illustrations

Geneviève Després : toutes les illustrations de la mascotte Rafi

Marion Arbona : p. IV (avion et oiseau), **p. 15** (verre), **p. 16** (garçon), **p. 21** (joueuse de soccer), **p. 63** (illustration ouverture).

Louise Catherine Bergeron : p. 14 (scène fête verte), **p. 71** (garçon et bibliothécaire), **p. 72** (garçon et ogre).

François Escalmel : p. 46 (fantômes à la meringue), **p. 78** (roi, reine et ouvrier termite), **p. 79** (schéma termitière), **p. 86** (carte), **p. 123** (traîneau et chien), **p. 126** (masque noir et blanc à colorier).

Élisabeth Eudes-Pascal : p. 2, 3, et 4 (élèves, professeure et vêtements).

Quentin Gréban : p. 105 (père Noël et Bonhomme l'Année), **p. 106** (enfants et chien).

Gabrielle Grimard : p. V (visage enfant), **p. 22 et 23** (jeune fille et grand-père), **p. 95** (illustration ouverture).

Benoît Laverdière : p. 32 et 33 (sorcière, chien et inspecteur), **p. 36** (araignée).

Sandrine Mercier : p. III (ballon), **p. 1** (illustration ouverture).

François Thisdale : p. 40 (vaisseau qui accoste).

Jean-Luc Trudel : p. III (hibou), **p. 31** (illustration ouverture), **p. 96 et 97** (farfadet, souris et dragon), **p. 101** (cocottes d'argent).

Table des matières

Présentation du cahier VI

Thème 1 · Un défi pour tous!

① Je lis · *L'école*; A. Delaunois 2
   Les personnages 3

   Je fais de la grammaire · Quelques caractéristiques du nom 5
   Reconnaître un nom (deux manipulations) 6

   J'orthographie 7

② Je lis · *Le recyclage*; C. Girard-Audet 8

   Je fais de la grammaire · Quelques caractéristiques du déterminant 10
   Reconnaître un déterminant (deux manipulations) 12

   Je conjugue · Le verbe à l'infinitif 13

   J'orthographie 14

   J'écris · Une fête verte 14

③ Je lis · *La fabuleuse entraîneuse*; D. Demers 15
   Le tiret 16

   Je fais de la grammaire · Quelques caractéristiques de l'adjectif 18
   L'adjectif receveur d'accord 19

   J'orthographie 20

   Je conjugue · Les principaux temps simples de l'indicatif 21

④ Je lis · *Fatima et les voleurs de clémentines*; M. Messier 22

   Je fais de la grammaire · Le sens des mots 24
   Le sens propre 25
   À ton dictionnaire! 26

   J'orthographie 28

   J'écris · Tout un défi! 28

   Je révise 29

   Une finale en défis! 30

Thème 2 · Mystère et boule de gomme!

① Je lis · *Les dentiers*; C. Tremblay 32
   Le lieu et le moment d'un récit 34

   Je fais de la grammaire · Le groupe du nom 36

   J'orthographie · La lettre *m* devant *b*, *m* et *p* 38

② 🐾 **Je lis** · *L'endroit rêvé*; S. Desrosiers 39

🐾 **Je fais de la grammaire** · D'autres constructions du groupe du nom 42

🐾 **Je conjugue** · Le radical et la terminaison du verbe 44

🐾 **J'orthographie** 45

🐾 **J'écris** · Cachette mystère 45

③ 🐾 **Je lis** · *Recette de fantômes à la meringue* 46
　　　Les marqueurs de relation 47

🐾 **Je fais de la grammaire** · La formation du pluriel des noms et des adjectifs 49
　　　La formation du pluriel des noms et des adjectifs
　　　(cas particuliers) 50

🐾 **J'orthographie** 52

🐾 **Je conjugue** · *Avoir, être* et *aller* au présent de l'indicatif 53

④ 🐾 **Je lis** · *Des animaux nocturnes*; M. et G. Berger 54

🐾 **Je fais de la grammaire** · Les familles de mots 56

🐾 **J'écris** · Un mystérieux fugitif! 58

🐾 **J'orthographie** 60

Je révise 61

Une finale énigmatique 62

Thème 3 **Plus grand que nature**

① 🐾 **Je lis** · *Les records*; D. Grinberg 64
　　　Le texte informatif 65

🐾 **Je fais de la grammaire** · La formation du féminin des noms et des adjectifs 67
　　　La formation du féminin des noms et des adjectifs
　　　(cas particuliers) 68
　　　La formation du féminin des noms et des adjectifs
　　　(cas particuliers) 69

🐾 **J'orthographie** · Le son « g » 70

② 🐾 **Je lis** · *Louis Cyr*; adapté par F. Tardif 71

🐾 **Je fais de la grammaire** · L'accord dans le groupe du nom 74

🐾 **Je conjugue** · Les verbes en -er comme *aimer* au présent de l'indicatif 76

🐾 **J'orthographie** · Le son « g doux » 77

🐾 **J'écris** · Des records impossibles 77

③ 🐾 **Je lis** · *Les termitières*; B. Kalman et J. Crossingham 78

🐾 **Je fais de la grammaire** · La vérification des accords dans le groupe du nom 81

🐾 **Je conjugue** · Les verbes en -ir comme *finir* au présent de l'indicatif 84

🐾 **J'orthographie** 85

4 🐾 **Je lis** · *Lindbergh traverse l'Atlantique*; A. Vandewiele 86

🐾 **Je fais de la grammaire** · Les noms avec un genre et un sens différent 89

Les synonymes 90

🐾 **J'orthographie** · La lettre *c* 92

🐾 **J'écris** · Un exploit extraordinaire 92

Je révise 93

Une finale... au sommet ! 94

Thème 4 — Tissé serré

1 🐾 **Je lis** · *Touli et les cocottes d'argent*; L. Papineau 96

L'élément déclencheur et les péripéties 98

🐾 **Je fais de la grammaire** · Quelques caractéristiques du verbe conjugué 100

🐾 **J'orthographie** 102

🐾 **Je conjugue** · Le futur proche 103

2 🐾 **Je lis** · *La Légende du Bonhomme l'Année*; A. Dorville 104

L'organisation des idées dans un texte 106

🐾 **Je fais de la grammaire** · Distinguer le verbe conjugué du verbe à l'infinitif présent 108

🐾 **J'orthographie** 110

🐾 **J'écris** · Un chiot en cadeau 110

3 🐾 **Je lis** · *Le sing-sing des Hautes Terres*; É. Dumont-Le Cornec 111

🐾 **Je fais de la grammaire** · Le sujet 113

🐾 **J'orthographie** 115

🐾 **Je conjugue** · Les verbes en -*er* à l'imparfait de l'indicatif 116

4 🐾 **Je lis** · *Les loups*; B. Kalman et A. Bishop 117

🐾 **Je fais de la grammaire** · Quelques homophones 119

🐾 **J'écris** · Mystérieuse disparition au carnaval 122

🐾 **J'orthographie** 124

Je révise 125

Une finale carnavalesque 126

Aide-mémoire

🐾 **Mes stratégies de lecture** 127

🐾 **Mes stratégies d'écriture** 130

🐾 **Mes mots d'orthographe** 132

🐾 **Mes tableaux de conjugaison** 135

Le cahier Rafale

La collection *Rafale* permet de travailler toutes les notions en lecture, en grammaire et en écriture prévues dans la *Progression des apprentissages*. Elle permet aussi de se familiariser avec les stratégies en lecture et en écriture. Elle compte deux cahiers par année, divisés en quatre thèmes chacun.

Ouverture du thème

- Une illustration et quelques questions permettent d'introduire le sujet du thème.

- La rubrique **À l'affût** pose une question de culture générale. La réponse se trouve dans un texte ou une activité du thème.

🐾 Je lis

Chaque cahier propose seize textes variés.

- L'intention de lecture est décrite dans un court paragraphe.
- La stratégie de lecture est aussi proposée dès le début.
- Des encadrés présentent les notions de grammaire du texte.

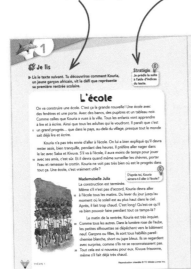

- Plusieurs activités visent à vérifier la compréhension du texte. Des activités pour interpréter et pour réagir sont également proposées.

🐾 Je fais de la grammaire

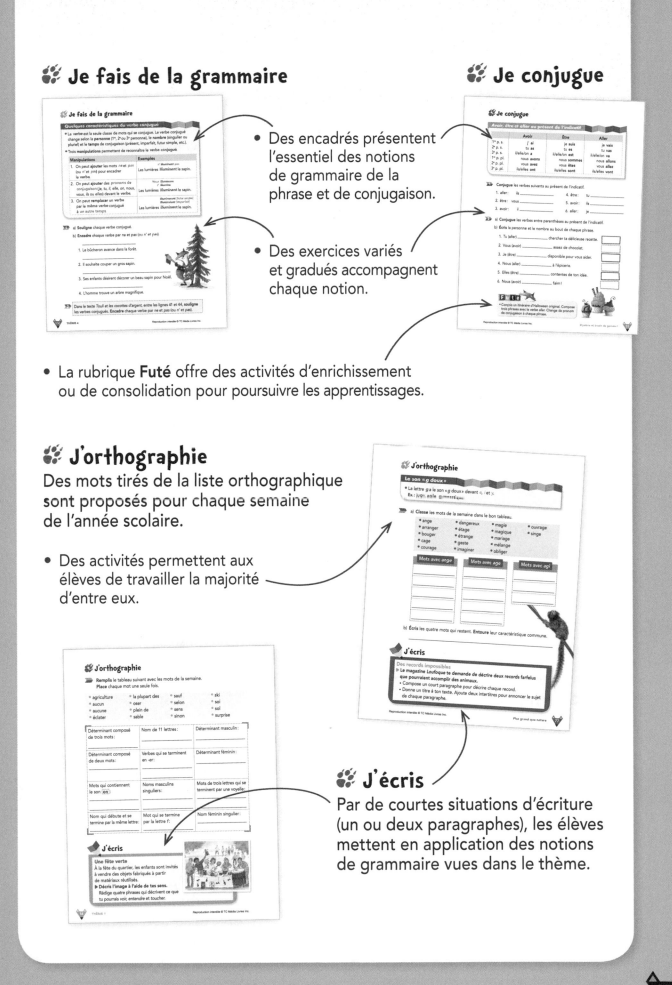

- Des encadrés présentent l'essentiel des notions de grammaire de la phrase et de conjugaison.

- Des exercices variés et gradués accompagnent chaque notion.

🐾 Je conjugue

- La rubrique **Futé** offre des activités d'enrichissement ou de consolidation pour poursuivre les apprentissages.

🐾 J'orthographie

Des mots tirés de la liste orthographique sont proposés pour chaque semaine de l'année scolaire.

- Des activités permettent aux élèves de travailler la majorité d'entre eux.

🐾 J'écris

Par de courtes situations d'écriture (un ou deux paragraphes), les élèves mettent en application des notions de grammaire vues dans le thème.

🐾 J'écris

Une situation d'écriture complète est proposée à tous les deux thèmes.

- Elle débute par une mise en situation.

- Cinq étapes rappelant les principales stratégies en écriture aident les élèves à structurer leur texte.

- Des exemples aident à enrichir les textes.

- Des listes de vérification indiquent aux élèves les éléments à revoir dans leur texte.

🐾 Je révise

Ces activités permettent de faire un retour sur les principales notions de grammaire vues dans le thème.

Une finale...

Des activités amusantes sont l'occasion de revoir d'autres notions.

Préparation aux épreuves de lecture et d'écriture

À la fin du cahier, une section spéciale propose une préparation à ces épreuves de français de fin de cycle.

Un défi pour tous !

Lis le titre. Observe l'illustration.

- Que font les personnages ?

- Qu'est-ce que les membres de l'équipe des bleus semblent se dire ?

- Nomme des défis que tu aimerais te lancer.

À l'affût dans le thème

Qu'est-ce que le ruban de Möbius ?

Dans ce thème, tu liras trois extraits de romans et un texte informatif :

- *L'école* d'Angèle Delaunois ;
- *Le recyclage* de Catherine Girard-Audet ;
- *La fabuleuse entraîneuse* de Dominique Demers ;
- *Fatima et les voleurs de clémentines* de Mireille Messier.

Tu te familiariseras avec deux stratégies de lecture. Tu écriras une courte description d'une fête de quartier. Tu écriras un autre court texte dans lequel tu raconteras un événement qui a représenté un défi pour toi.

🐾 Je lis

▶ Lis le texte suivant. Tu découvriras comment Kouria, un jeune garçon africain, vit le défi que représente sa première rentrée scolaire.

Stratégie 6
Je prédis la suite à l'aide d'indices du texte.

L'école

On va construire une école. C'est ça la grande nouvelle! Une école avec des fenêtres et une porte. Avec des bancs, des pupitres et un tableau noir. Comme celles que Kouria a vues à la ville. Tous les enfants vont apprendre à lire et à écrire. Ainsi que tous les adultes qui le voudront. Il paraît que c'est

5 un grand progrès… que dans le pays, au-delà du village, presque tout le monde sait déjà lire et écrire.

Kouria n'a pas très envie d'aller à l'école. On lui a bien expliqué qu'il devra rester assis, bien tranquille, pendant des heures. Il préfère aller nager dans le lac avec Saba et Kivuva. S'il va à l'école, il aura moins de temps pour jouer

10 avec ses amis, c'est sûr. Et il devra quand même surveiller les chèvres, porter l'eau et ramasser le crottin. Kouria ne voit pas très bien où est le progrès dans tout ça. Une école, c'est vraiment utile?

Mademoiselle Julia

La construction est terminée.
Même s'il n'est pas d'accord, Kouria devra aller

15 à l'école tous les matins. Du lever du jour jusqu'au moment où le soleil est au plus haut dans le ciel. Après, il fait trop chaud. C'est long! Qu'est-ce qu'il va bien pouvoir faire pendant tout ce temps-là?

6
D'après toi, Kouria aimera-t-il aller à l'école?

Le matin de la rentrée, Kouria est très inquiet.

20 Comme tous les autres. Dans la lumière rose de l'aube, les petites silhouettes se dépêchent vers le bâtiment neuf. Garçons ou filles, ils sont tous habillés pareil: chemise blanche, short ou jupe bleus. Ils se regardent avec surprise, comme s'ils ne se reconnaissaient pas.

25 Tout cela est si nouveau pour eux. Kivuva frissonne, même s'il fait déjà très chaud.

Mademoiselle Julia attend ses élèves sur le pas de la porte. Kouria la regarde, bouche bée. Il n'est pas le seul à être surpris. Jamais il n'a vu quelqu'un comme elle. Il sait bien qu'il existe des humains dont la peau
30 est blanche. Il en a même rencontré plusieurs. Mais aucun d'eux ne ressemble à mademoiselle Julia.

Elle, elle a les cheveux de la même couleur que le soleil lorsqu'il tombe dans le lac. Et ses yeux sont verts comme
35 les petites feuilles neuves qui poussent après la pluie. Sa peau est rose, semée de points plus foncés. Elle n'est pas habillée comme les femmes du village. Elle porte une petite robe mauve et
40 ses pieds sont chaussés de sandales. Elle sourit, et lorsqu'elle parle, on a l'impression que sa voix chante…

Angèle Delaunois, *Le crayon et le collier*, Éditions Pierre Tisseyre, 2001. Cet extrait a été reproduit aux termes d'une licence accordée par Copibec.

Les personnages

- Dans une histoire, il y a des personnages.

- Le personnage le plus important d'une histoire est le **personnage principal**. Il vit ou cause un problème. Ce problème peut être grave, farfelu, triste, etc.

- Les personnages ont plusieurs **caractéristiques**.
  - Ils peuvent avoir des caractéristiques physiques.
    Ex.: la taille, l'habillement, la démarche, la chevelure, les yeux, etc.
  - Ils peuvent aussi avoir d'autres caractéristiques.
    Ex.: les qualités, les défauts, les habiletés, etc.

- Parfois, on décrit le physique d'un personnage. D'autres fois, on décrit plutôt son caractère. Souvent, on présente un mélange des deux.

- Les personnages peuvent prendre plusieurs formes.

1 Qui est le personnage principal de l'histoire ? _____

2 Qui est mademoiselle Julia dans l'histoire ?

_____

3 Qui sont les deux amis de Kouria ?

_____

4 Pourquoi Kouria n'a-t-il pas envie d'aller à l'école ? **Écris** une raison.

_____

_____

5 Comment les élèves de l'école sont-ils habillés ? **Entoure** la bonne réponse.

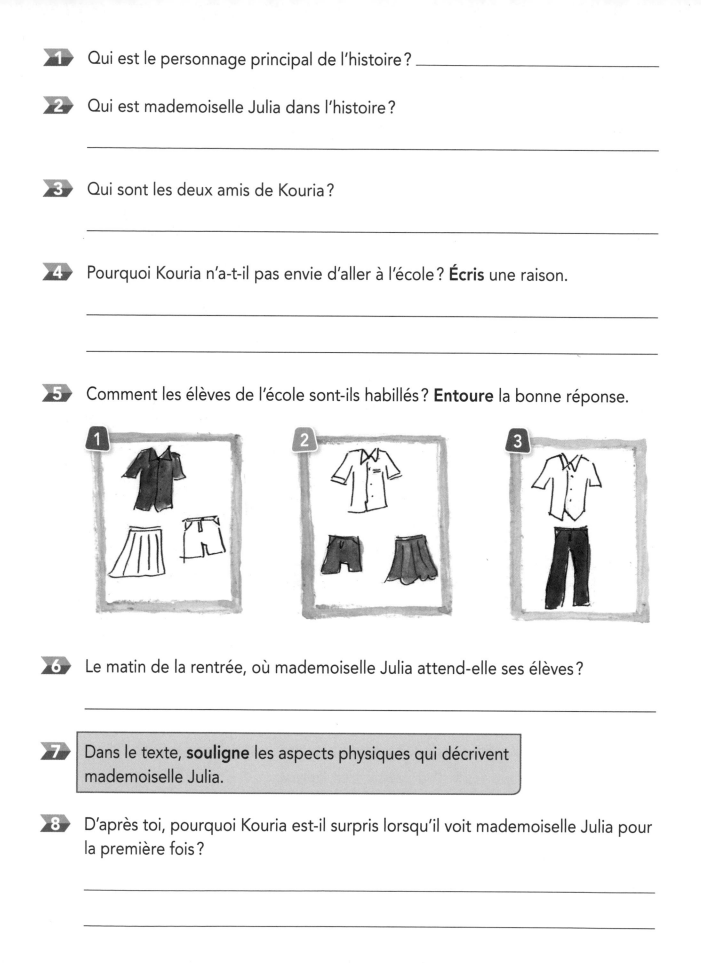

6 Le matin de la rentrée, où mademoiselle Julia attend-elle ses élèves ?

_____

7 Dans le texte, **souligne** les aspects physiques qui décrivent mademoiselle Julia.

8 D'après toi, pourquoi Kouria est-il surpris lorsqu'il voit mademoiselle Julia pour la première fois ?

_____

_____

🐾 Je fais de la grammaire

Quelques caractéristiques du nom

- Il existe des **noms propres** et des **noms communs**.
  - Le **nom propre** commence par une lettre majuscule. C'est le nom qu'on donne, par exemple, à une personne, à un personnage, à un lieu précis ou à un animal.
    Ex.: Julia, Kouria, Afrique, Rafi.
  - Le **nom commun** sert à désigner différentes réalités comme des personnes, des animaux, des objets, des lieux, des activités et d'autres réalités, visibles ou non.
    Ex.: enseignante, léopard, école, écriture, année.
- Le nom a un **genre**: masculin ou féminin.
  - Un nom **masculin** se dit bien avec *un* ou *le*:
    Ex.: le matin, un lion.
  - Un nom **féminin** se dit bien avec *une* ou *la*:
    Ex.: la joie, une école.
- Le nom a un **nombre**: singulier ou pluriel.
  - Un nom est au **singulier** si on parle d'un ou d'une…
    Ex.: J'emprunte ce livre.   [On parle d'un livre.]
  - Un nom est au **pluriel** si on parle de deux ou de plusieurs…
    Ex.: J'emprunte ces cinq livres.   [On parle de plusieurs livres.]

1 **Classe** les noms suivants dans le tableau.

- Afrique
- Canada
- ciel
- élèves
- Judith
- Kivuva
- Kouria
- mademoiselle
- Québec
- sandale
- surprise
- village

Noms propres			

Noms communs			

2 **Écris** le genre (*m.* ou *f.*) et le nombre (*s.* ou *pl.*) au-dessus des noms en gras.

1. Mademoiselle Julia porte des **sandales**.

2. La **peau** de son **visage** est rosée.

3. Les **amis** de Kouria s'appellent Saba et Kivuva.

4. Ils vont à l'**école** ce **matin**.

5. Kouria s'installe près du **tableau** noir.

6. Les **élèves** sont heureux d'apprendre à lire avec leurs **livres** neufs.

7. La **lecture** et l'**écriture** sont leurs **activités** favorites.

8. Il fait des **progrès** en lecture.

9. La **journée** est belle et ensoleillée.

10. Kouria a appris une bonne **nouvelle** !

11. Les **élèves** vont à la **montagne** aujourd'hui.

12. Il aime observer le **paysage** sur le haut de cette **montagne**.

Comme je suis un beau **renard** !

Reconnaître un nom (deux manipulations)

- Deux **manipulations** permettent de reconnaître le nom.

Manipulations	Exemples
1. On peut ajouter un **déterminant** comme *le, la, l', les, un, une, du* ou *des* devant le **nom**.	un **progrès**, des **élèves**, la **lecture**, l'**écriture**, du **soleil**
2. On peut ajouter un **adjectif** (*beau, bon, grand, petit,* etc.) avant ou après le **nom**.	les bons **élèves**, le grand **lac**, un **bureau** vide

3 **Prouve** que les mots en gras sont des noms.

a) **Entoure** le déterminant qui est devant le nom.

b) **Ajoute** un des adjectifs suivants avant le nom : *grand, beau* ou *petit*.

1. Ce matin, les enfants veulent aller se baigner dans le **lac**.

2. Le **soleil** se lève à peine.

3. Ils prennent un **sac** pour mettre leur serviette.

4. Ils empruntent le **sentier** qui longe le **village**.

5. Enfin, ils s'assoient sous un **arbre**.

4 a) Dans le texte *L'école*, entre les lignes 1 à 6, **entoure** le nom propre.

b) **Souligne** ensuite les noms communs.

🐾 J'orthographie

Classe les mots de la semaine dans l'ordre alphabétique.

• autre	• bien	• défi	• les
• bec	• debout	• le	• la
• pire	• quatrième	• lac	• parmi
• retour	• tour	• être	

1 _____
2 _____
3 _____
4 _____
5 _____

6 _____
7 _____
8 _____
9 _____
10 _____

11 _____
12 _____
13 _____
14 _____
15 _____

Je lis

▶ **Lis le texte suivant. Il t'aidera à mieux comprendre ce qu'est le recyclage.**

2

Stratégie ①
Je survole le texte.
Je lis le titre et j'observe les illustrations.

① Qu'apprendras-tu dans ce texte ?

Le recyclage

- Le recyclage est un processus de récupération, de transformation et de réutilisation d'un matériau ou d'une matière première.

- Il s'agit d'un procédé de traitement d'un déchet réutilisable (comme une bouteille) visant à le transformer pour lui donner une nouvelle utilité et le
5 réintroduire dans notre vie.

- Le logo est constitué de trois flèches : la première représente la récolte de matériaux usagés, la deuxième symbolise la transformation des matériaux usagés en nouveaux produits,
10 et la troisième évoque la consommation de ces nouveaux produits recyclés.

> Le **ruban de Möbius** est le logo universel du recyclage depuis 1970. Ce logo indique que le produit est recyclable.

Les 3 R : réduis, réutilise et recycle

Le recyclage fait partie d'une grande stratégie de gestion et de traitement des déchets qui est composée de **trois facettes** :

- *Réduis !* Cette composante regroupe toutes les actions qui contribuent à la
15 réduction des déchets. Pour ce faire, on t'encourage entre autres à diminuer ta consommation, à éviter les produits suremballés, à acheter en vrac, à utiliser un sac en tissu pour faire tes courses et à acheter des produits locaux.

- **Réutilise!** Cette approche t'encourage à réutiliser les objets que tu possèdes déjà ou à leur donner un deuxième souffle. Par exemple, tu peux faire réparer tes accessoires électroniques ou rapiécer tes vêtements, tu peux réutiliser du papier ou des enveloppes, tu peux acheter des produits usagés, tu peux louer des vidéos, des DVD ou des livres, etc.

20

- **Recycle!** Il s'agit ici de récupérer un matériau et de le transformer afin de fabriquer un nouveau produit!

Catherine Girard-Audet, *Le recyclage. Tout ce que vous avez toujours désiré savoir sur le recyclage!*, Éditions les malins, Montréal, 2011, p. 4 à 7.

1 **Relie** chaque mot à sa définition.

Transformer un matériau en quelque chose d'autre. •

• recyclage

Essayer de produire moins de déchets. •

• réutilisation

Donner une deuxième vie à un objet. •

• réduction

2 a) Depuis quand le logo universel du recyclage existe-t-il?

_____

b) De quoi est-il formé?

_____

3 **Note** une information que tu as apprise dans ce texte.

_____

_____

4 La bouteille en plastique est un déchet réutilisable.
D'après toi, quelle nouvelle utilité peut-on lui donner?

_____

_____

🐾 Je fais de la grammaire

Quelques caractéristiques du déterminant

- Le **déterminant** se place devant un **nom**.

  Ex.: **Le** recyclage est **un geste** simple à poser.

  > **Remarque** Il peut y avoir un mot ou des mots entre le **déterminant** et le **nom**.

  Ex.: un *petit* geste / un *très beau* geste.

- Le **déterminant** peut être formé d'un mot ou de plusieurs mots.

  Ex.: **un** chandail, **la** planète, **mon** sac, **quatre** poubelles, **ses** sacs, **beaucoup de** boîtes, **tous les** automnes, **la plupart des** gens.

- Le **déterminant** est un **receveur d'accord**. Il reçoit le genre (m. ou f.) et le nombre (s. ou pl.) du **nom** qu'il accompagne.

  f. s.   m. s.   m. s.

  Ex.: **La** réduction est **un geste** à poser pour **l'**environnement.

  > **Remarques**
  >
  > - Devant un nom masculin qui commence par une **voyelle** ou un *h muet*, on emploie *cet* au lieu de *ce*.
  >
  >   **Ex.:** cet arbre, cet homme.
  >
  > - Devant un nom féminin qui commence par une **voyelle** ou un *h muet*, on emploie *mon*, *ton* et *son* au lieu de *ma*, *ta* et *sa*.
  >
  >   **Ex.:** mon armoire, ton activité, son histoire.

1   **Ajoute** deux déterminants devant chaque nom.

1. _____ recyclage
2. _____ bouteilles
3. _____ boîte
4. _____ bac
5. _____ déchets

6. _____ sol
7. _____ papier
8. _____ sable
9. _____ produit
10. _____ soir

Futé

- Trouve dix noms qui commencent par une voyelle. Ajoute ensuite le déterminant *un* ou *une* devant chacun de ces noms. Au besoin, utilise ton dictionnaire.

2 **Classe** les déterminants suivants dans le bon tableau. Attention, certains déterminants peuvent se retrouver à deux endroits !

- beaucoup de
- ce
- cette
- des
- la
- le
- mes
- plusieurs
- sa
- ton
- un
- une

Masculin singulier

_____ _____

_____ _____

Féminin singulier

_____ _____

_____ _____

Masculin pluriel

_____ _____

_____ _____

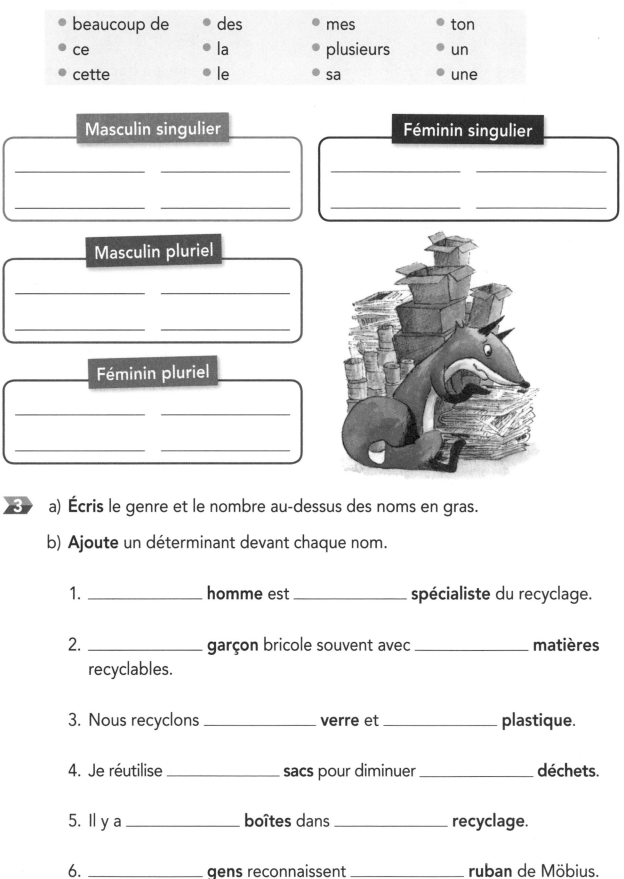

Féminin pluriel

_____ _____

_____ _____

3 a) **Écris** le genre et le nombre au-dessus des noms en gras.

b) **Ajoute** un déterminant devant chaque nom.

1. _____ **homme** est _____ **spécialiste** du recyclage.

2. _____ **garçon** bricole souvent avec _____ **matières** recyclables.

3. Nous recyclons _____ **verre** et _____ **plastique**.

4. Je réutilise _____ **sacs** pour diminuer _____ **déchets**.

5. Il y a _____ **boîtes** dans _____ **recyclage**.

6. _____ **gens** reconnaissent _____ **ruban** de Möbius.

Reconnaître un déterminant (deux manipulations)

- Deux **manipulations** permettent de reconnaître un déterminant.

Manipulations	Exemples
1. On peut ajouter un nom après le **déterminant**.	**la** bouteille, **un** bac, **le** carton
2. On peut **remplacer** un **déterminant** par un **autre déterminant** comme *le, la, l', les, un, une, du* ou *des*.	des le **plusieurs** bouteilles, **ce** carton, les **la plupart des** gens recyclent

4 **Prouve** que les mots en gras sont des déterminants.

a) **Souligne** le nom qu'il accompagne.

b) **Remplace** le déterminant par un autre déterminant.

1. Quand je vais à l'épicerie, j'apporte **mes** sacs de tissu.

2. Dans l'école, il y a **beaucoup de** poubelles et **des** bacs de recyclage.

3. **Plusieurs** aliments en vrac coûtent moins cher que les aliments emballés.

4. Le vendredi, j'adore louer **quelques** films pour passer une belle soirée.

5. À **la** friperie, j'ai trouvé **trois** chandails usagés et **deux** vestes

presque neuves.

6. J'ai acheté **chaque** chandail dans **cette** boutique de vêtements usagés.

7. Je fais réparer **mon** ordinateur quand il est brisé.

8. À **mon** école, **les** élèves recyclent leurs berlingots de lait.

5 a) Dans le texte *Le recyclage*, entre les lignes 14 et 17, **entoure** les déterminants.

b) **Souligne** les noms qu'ils accompagnent.

c) Combien de déterminants as-tu trouvés ? _____

🐾 Je conjugue

Le verbe à l'infinitif

- Pour nommer un verbe, on utilise l'**infinitif**. C'est sous cette forme qu'on trouve le verbe dans le dictionnaire.

- Tous les **verbes à l'infinitif** ont une des quatre **terminaisons** suivantes.

-er	-ir	-oir	-re
Ex.: félicit**er**	Ex.: réfléch**ir**	Ex.: pouv**oir**	Ex.: défend**re**
aim**er**	part**ir**	voul**oir**	préd**ire**
lav**er**	fin**ir**	dev**oir**	viv**re**

- Le **verbe à l'infinitif** ne s'accorde jamais. Sa **terminaison** ne change pas.
  Ex.: Ce vélo, tu peux le vend**re**. / Ces vélos, tu peux les vend**re**.

---

1 **Trouve** l'infinitif des verbes conjugués.

1. nous marchons : _____

2. je partais : _____

3. tu finiras : _____

4. ils recyclent : _____

5. vous pouviez : _____

6. il plante : _____

7. ils courent : _____

8. je réduis : _____

2 **Classe** dans le bon bac les verbes à l'infinitif que tu as trouvés à l'exercice 1.

-er

-ir

-oir

-re

Futé

- En 20 secondes, trouve le plus grand nombre de verbes à l'infinitif qui se terminent par *-er*. Refais l'exercice avec les verbes qui se terminent en *-ir*, *-oir* et *-re*. Trouve d'autres verbes que ceux de l'exercice précédent.

J'orthographie

Remplis le tableau suivant avec les mots de la semaine.
Place chaque mot une seule fois.

- agriculture
- aucun
- aucune
- éclater
- la plupart des
- oser
- plein de
- sable
- sauf
- selon
- sens
- sinon
- ski
- soi
- sol
- surprise

Déterminant composé de trois mots : _____	Nom de 11 lettres : _____	Déterminant masculin : _____
Déterminant composé de deux mots : _____	Verbes qui se terminent en -er : _____ _____	Déterminant féminin : _____
Mots qui contiennent le son **on** : _____ _____	Noms masculins singuliers : _____	Mots de trois lettres qui se terminent par une voyelle : _____
Nom qui débute et se termine par la même lettre : _____	Mot qui se termine par la lettre *f* : _____	Nom féminin singulier : _____

 J'écris

Une fête verte

À la fête du quartier, les enfants sont invités à vendre des objets fabriqués à partir de matériaux réutilisés.

▶ **Décris l'image à l'aide de tes sens.**
Rédige quatre phrases qui décrivent ce que tu pourrais *voir*, *entendre* et *toucher*.

Je lis

▶ Lis le texte suivant. Tu verras comment une entraîneuse de soccer aide son équipe à relever un défi.

Stratégie 6
Je prédis la suite à l'aide d'indices du texte.

LA FABULEUSE ENTRAÎNEUSE

> Mlle Charlotte est la nouvelle entraîneuse de l'équipe de soccer de l'Anse-aux-Canards. Elle veut aider ses joueurs à remporter le match contre l'équipe de la Baie-des-Bleuets.

Le lendemain, on est tous arrivés à l'entraînement déprimés. Et pas seulement parce qu'on n'avait pas trouvé de réponse dans le ciel. Fiona avait eu des nouvelles de Fred. Des nouvelles désastreuses ! Le traître allait jouer pour nos ennemis ! Sa mère habite l'Anse-aux-Canards et son père à la Baie-des-Bleuets, alors Fred

5 peut jouer où il veut. Il a le droit.

On était faits. Frits. Cuits. Finis. Nos adversaires allaient nous mettre en bouillie.

— Vous avez grand besoin d'un petit remontant, a déclaré Mlle Charlotte en nous voyant arriver.

10 Elle a ouvert son sac et en a tiré plusieurs gourdes :

— Du smalalamiam pour tout le monde !

[…]

Chacun a eu sa ration. Le goût était à la fois étrange et merveilleux. Tout le monde s'entendait pour dire que

15 le smalalamiam était délicieux.

6
D'après toi, que va faire Mlle Charlotte pour encourager son équipe ? Quels indices te font croire cela ?

— Alors, qui a trouvé une réponse dans le ciel ? a finalement demandé Mlle C.

Billy a levé la main comme si on était en classe.

— Pour gagner, il faut imiter les outardes, a-t-il répondu d'un ton très assuré.

Comme personne ne comprenait, il a dû expliquer.

Un défi pour tous ! 15

20   — Les outardes réussissent à voler très vite et très longtemps en **se relayant**. Elles forment un grand V dans le ciel pour mieux affronter le vent. Les oiseaux qui sont à l'avant travaillent plus fort, mais ils sont vite remplacés par d'autres qui sont moins fatigués.

> **Se relayer**
> Se remplacer chacun son tour, prendre la relève.

    — O. K. Mais… c'est *quoi*, le lien avec le soccer?
25 a demandé Miranda.

    — Le lien? Mais c'est l'entraide! a expliqué Mlle C. avec enthousiasme. Si elles volaient seules, les outardes ne réussiraient jamais leurs exploits. Elles y parviennent en s'associant.

    La stratégie était ingénieuse. J'étais fier de notre entraîneuse.

30   — Mlle Charlotte a raison, ai-je ajouté. Aucun de nous, seul, ne pourrait remplacer Fred. Mais si on s'unit, ça peut fonctionner. Il va falloir changer souvent de position et faire beaucoup de passes. Chacun doit donner tout ce qu'il peut.

    On a décidé d'essayer. Là, tout de suite, malgré
35 la fine pluie qui s'était mise à tomber. Au début, chacun essayait d'aller plus loin avec le ballon. C'est normal, on avait toujours joué comme ça. Mais peu à peu notre jeu a changé. Quand Monica m'a fait une passe, j'ai couru le plus vite possible en poussant
40 le ballon entre mes jambes. Puis, j'ai fait une passe à Éric. Éric a fait une passe à Fiona, Fiona à Laurent et… on a marqué un but.

    Un but d'entraide.

Dominique Demers, *La fabuleuse entraîneuse*,
Québec Amérique jeunesse, 2007, coll. «Bilbo jeunesse», p. 91 à 95.

Le tiret

- Dans une histoire, le **tiret** (—) au début d'une ligne indique qu'un personnage parle.

  Ex.: — Vous avez grand besoin d'un petit remontant, a déclaré Mlle Charlotte en nous voyant arriver.

    [Mlle Charlotte prend la parole. La ligne débute par un tiret.]

1 **Écris** le nom de quatre personnages du texte.

_____

2 Au début du texte, les joueurs de l'équipe de l'Anse-aux-Canards sont découragés. Pour quelle raison ?

_____

_____

3 Que signifie cette expression à la ligne 6 : « On était faits. Frits. Cuits. Finis. » ?

_____

_____

4 Que fait Mlle Charlotte pour réconforter les membres de son équipe ?

_____

_____

5 Après chaque réplique, **écris** le nom du personnage qui la dit.

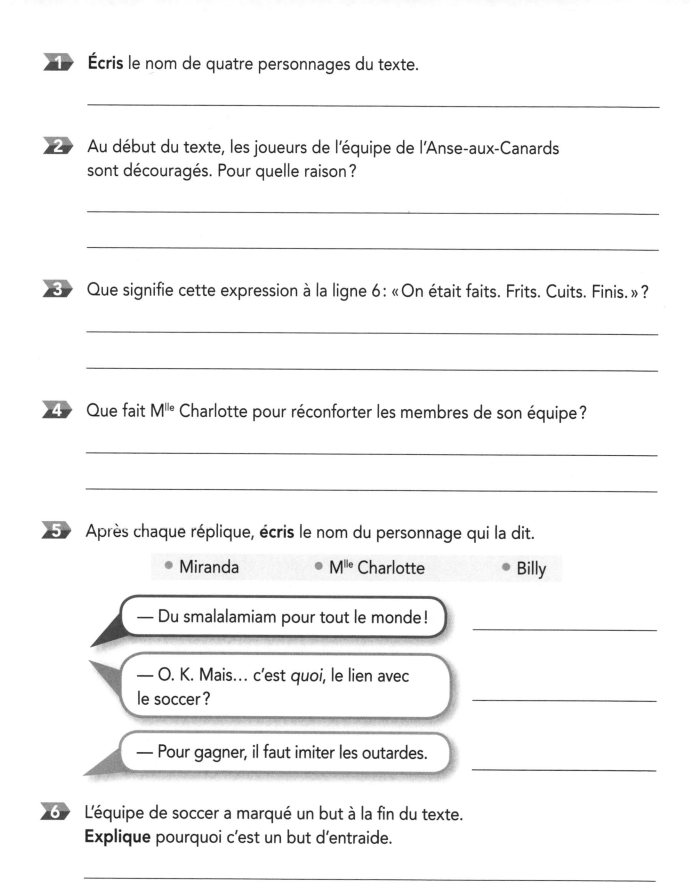

- Miranda
- Mlle Charlotte
- Billy

— Du smalalamiam pour tout le monde !   _____

— O. K. Mais… c'est _quoi_, le lien avec le soccer ?   _____

— Pour gagner, il faut imiter les outardes.   _____

6 L'équipe de soccer a marqué un but à la fin du texte.
Explique pourquoi c'est un but d'entraide.

_____

_____

🐾 Je fais de la grammaire

Quelques caractéristiques de l'adjectif

- L'**adjectif** décrit ou précise un **nom**. Certains **adjectifs** se placent *avant* le nom. D'autres se placent *après*.

  Ex.: une **bonne** personne, une **jeune** personne, une personne **âgée**.

- Deux **manipulations** permettent de reconnaître un adjectif.

Manipulations	Exemples
1. On peut **remplacer** un **adjectif** par un **autre adjectif**.	beau fanée petit blanche un **gros** ballon, une fleur **sauvage**
2. On peut **ajouter** *très* devant certains **adjectifs**.	*très* **belle** *très* **méchant** *très* **bon** *très* **sympathique**

1 a) **Souligne** les adjectifs dans les phrases suivantes.

b) **Prouve** qu'il s'agit bien d'un adjectif. **Utilise** une manipulation comme dans l'exemple.

              débutant   très

Ex.: Le sportif <u>professionnel</u> s'entraîne dans un <u>beau</u> gymnase.

1. L'entraîneur compétent observe le vaste terrain.

2. Le premier athlète arrive sur le grand terrain.

3. Il porte un chandail bleu.

4. Le gardien talentueux avance à son tour.

5. Le public enthousiaste se lève et applaudit.

6. Ce match attendu débute enfin.

Futé

- Trouve cinq adjectifs qui pourraient remplacer l'adjectif *beau* dans la phrase suivante: L'équipe a remporté le **beau** trophée.

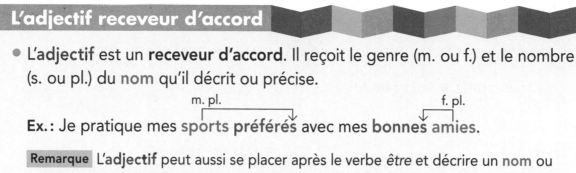

L'adjectif receveur d'accord

- **L'adjectif** est un **receveur d'accord**. Il reçoit le genre (m. ou f.) et le nombre (s. ou pl.) du **nom** qu'il décrit ou précise.

  m. pl.   f. pl.

  Ex.: Je pratique mes **sports préférés** avec mes **bonnes amies**.

  > **Remarque** L'**adjectif** peut aussi se placer après le verbe *être* et décrire un **nom** ou un **pronom**. L'adjectif a alors le genre et le nombre du nom ou du pronom qu'il décrit.
  >
  > f. s.   f. pl.
  >
  > **Ex.:** **Zara** est **talentueuse**.   **Elles** étaient **fières** de participer au tournoi.

2 a) Dans les phrases suivantes, **fais** un point au-dessus de chaque nom. **Écris** son genre (*m.* ou *f.*) et son nombre (*s.* ou *pl.*).

b) **Trace** ensuite une flèche qui relie chaque nom à l'adjectif qui l'accompagne.

1. Ce brave garçon joue même sous la pluie froide.

2. Ses souliers neufs l'aident à ne pas glisser.

3. Il veut gagner ce match important.

4. Il ne faut pas faire de gestes brusques pour avoir un tir précis.

5. La stratégie gagnante demande

   un entraînement régulier.

6. Les personnes disciplinées deviennent

   de grands sportifs.

7. Il veut devenir le meilleur joueur de son équipe.

3 a) **Souligne** les noms dans les phrases suivantes.

b) **Récris** les phrases. **Ajoute** un adjectif pour préciser chaque nom.

1. Ce joueur a réussi un tir.

_____

2. Le gardien a remporté ce trophée.

_____

3. Leur entraîneur a donné un conseil.

_____

4. Mon ami regarde le terrain.

_____

5. Le vainqueur affiche un sourire.

_____

 J'orthographie

Replace les lettres des mots de la semaine dans le bon ordre.
Écris chaque mot correctement. Au besoin, consulte la liste à la page 132.

1. lbuoe : _____

2. edom : _____

3. émlgra : _____

4. neabca : _____

5. uodte : _____

6. piuprte : _____

7. sneopér : _____

8. arploe : _____

9. âhet : _____

10. eestr : _____

11. oestp : _____

12. mtrècneite : _____

13. kroièlmte : _____

14. tnec : _____

15. mrgmae : _____

16. edsonec : _____

 **Je conjugue**

Les principaux temps simples de l'indicatif

Passé	Présent	Avenir
Hier	*Maintenant*	*Demain*
La semaine dernière	*En ce moment*	*La semaine prochaine*

Imparfait
Situe quelque chose dans le passé.
Ex.: Hier, mon équipe **jouait** contre les Tigres.

Présent
Indique que quelque chose se passe au moment où on le dit.
Ex.: Le ballon **tombe** maintenant sur le sol.

Futur simple
Situe quelque chose dans l'avenir.
Ex.: Demain, nous **gagnerons** la partie.

- Le conditionnel présent exprime quelque chose avec prudence ou incertitude. Il peut aussi exprimer quelque chose qui pourrait se produire à une certaine condition.
  Ex.: Il **devrait** pleuvoir.
  S'il ne pleuvait pas, ils **joueraient**.

Sur la ligne du temps, **situe** les actions décrites dans les phrases.
Inscris le numéro de chaque phrase au bon endroit.

Passé	Présent	Avenir
Imparfait	Présent	Futur

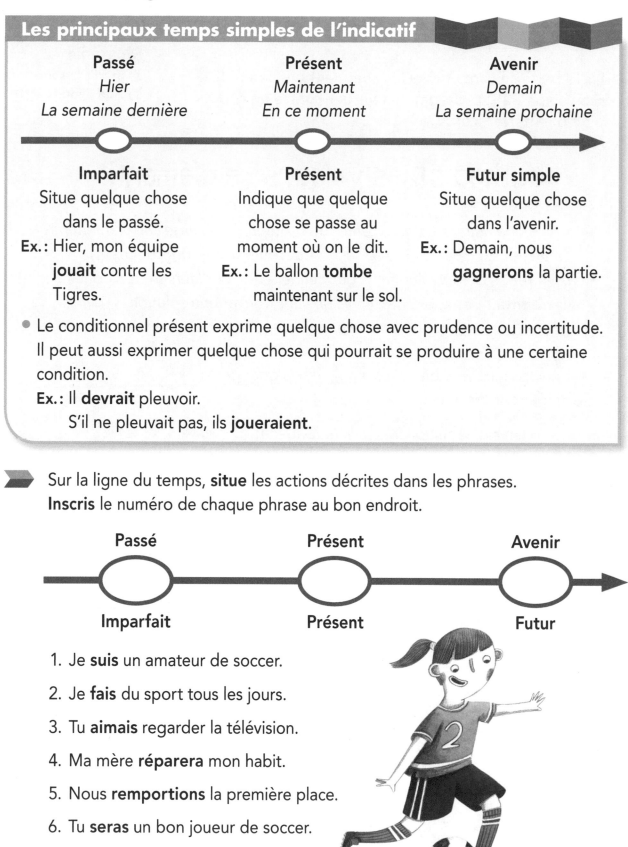

1. Je **suis** un amateur de soccer.

2. Je **fais** du sport tous les jours.

3. Tu **aimais** regarder la télévision.

4. Ma mère **réparera** mon habit.

5. Nous **remportions** la première place.

6. Tu **seras** un bon joueur de soccer.

Un défi pour tous! 21

4

🐾 Je lis

▶ **Lis le texte suivant. Tu verras comment une jeune fille relève son défi : protéger son verger contre un groupe d'éléphants voraces.**

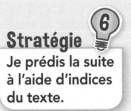

Stratégie 6
Je prédis la suite à l'aide d'indices du texte.

Fatima et les voleurs de clémentines

Après une nuit de travail à tenter de protéger leur verger de clémentines, Fatima et son grand-père se sentent découragés. Ils ont tout essayé pour repousser les éléphants qui viennent manger leurs fruits. À deux, ils n'arrivent pas à les chasser. Ils doivent trouver une solution, sinon ils n'auront pas de récolte à vendre et ils manqueront d'argent.

Fatima est inconsolable. Tous leurs efforts pour protéger le verger ont été **vains**.

Vains
Qui reste sans résultat.

— Demain, les éléphants reviendront, et le jour suivant, et le jour d'après… jusqu'à ce qu'il ne reste plus rien. Comment les en
5 empêcher ? Ils sont si gros. Et nous, nous sommes si petits…

Fatima et son grand-père se rendent au marché pour demander conseil.

— Il faut les tuer avec un fusil !

— Il faut les capturer avec un piège !

— Il faut les empoisonner !

6 D'après toi, Fatima et son grand-père vont-ils tuer les éléphants ?

10 — Il faut les abattre avec des flèches !

Fatima serre fort la main de son grand-père. Elle sent son estomac se nouer lorsqu'il se résigne à échanger leurs derniers **dirhams** contre un fusil et trois balles.

Dirham
Monnaie du Maroc.

15 Le retour se fait dans un lourd silence. Le vieil homme ne dit que deux mots :

— Tu comprends ?

Le cœur de Fatima bat à tout rompre. Oui. Elle comprend.

Elle comprend qu'il faut défendre le verger. Elle comprend aussi
20 que les éléphants ne méritent pas de mourir.

Fatima supplie :

— Les éléphants ne font pas exprès pour casser nos arbres ! Ils ont faim,
c'est tout. Peut-être pourrions-nous trouver un autre moyen ?

— C'est inutile. Nous avons déjà tenté tout ce qui est humainement
25 possible. Il ne reste qu'une solution…

Fatima court retrouver ses amies. Une idée merveilleuse vient de germer
dans son esprit :

— Grand-père a raison. Il n'est pas humainement possible de sauver
le verger et les éléphants. Mais vous, vous n'êtes pas humaines ! s'exclame
30 Fatima. Je vous offre des clémentines à volonté
dans lesquelles vous pourrez jouer à longueur
de journée ! Mais en retour, j'ai besoin de votre
aide. Mon plan ne fonctionnera que si nous
travaillons ensemble.

6 D'après toi, que vont
faire Fatima et ses amies
les araignées ? Quels
indices te font croire cela ?

35 Les araignées acceptent l'offre de l'enfant. Aussitôt, Fatima orchestre
une ronde autour des arbres, demandant à ses amies de la suivre et de tisser,
tisser, tisser !

À minuit, les éléphants sont de retour. Mais ce qui les attend
est surprenant…

40 Un épais mur de toiles les empêche de passer.
Les éléphants, perplexes, retournent bredouilles
dans la brousse pour ne plus jamais revenir.

Bredouille
Sans avoir
rien trouvé.

Grand-père est ému :

— Vous avez sauvé notre verger ! Vous avez sauvé
45 les éléphants ! Vous êtes petites, mais ce que vous
venez de faire est vraiment grand !

Mireille Messier, *Fatima et les voleurs de
clémentines*, Les éditions de la Bagnole,
2012, coll. « Klaxon », p. 18 à 28.

🐾 Je fais de la grammaire

Le sens des mots

- Tous les mots ont au moins un sens. Beaucoup de mots ont plus d'un sens. Le dictionnaire fournit une définition pour chaque sens.

- Les différents sens d'un mot sont souvent proches les uns des autres.

  Ex.: nuit   1. Période comprise entre le coucher et le lever du soleil.

  2. Obscurité.

  (Larousse junior, 2013.)

1 a) **Cherche** les mots dans le dictionnaire.

b) **Relie** chaque mot à la bonne définition et **complète**-la.

> ● Action de _____ .

conseil ○

> ● _____ que l'on construit pour servir
>
> d'_____ .

pardon ○

maison ○

> ● _____ à une question, à un _____ .

solution ○

> ● _____ que l'on donne à quelqu'un
>
> sur ce qu'il doit _____ .

2 **Trouve** deux sens du mot *clé* dans le dictionnaire.

1. _____

_____

2. _____

_____

Le sens propre

- Le sens propre d'un mot, c'est son sens premier, habituel. Le dictionnaire présente d'abord le sens propre d'un mot et ensuite les autres sens.

  Ex.: silence   1. Absence de bruit.

                         2. Fait de se taire.

  (Larousse junior, 2013.)

3 a) **Écris** la définition que tu donnes à chacun des mots.

    b) **Trouve** ensuite le sens propre de chaque mot dans le dictionnaire. **Écris**-le.

1. **ballon**

   Ma définition : _____

   Sens propre : _____

   _____

2. **ronde**

   Ma définition : _____

   Sens propre : _____

   _____

3. **verger**

   Ma définition : _____

   Sens propre : _____

   _____

4 **Trouve** les trois sens du mot *air* dans le dictionnaire.

1. _____

   _____

2. _____

3. _____

À ton dictionnaire !

Voici certains renseignements présentés dans un article de dictionnaire.

a Orthographe du mot

b Féminin des adjectifs et de certains noms

c Pluriel de certains mots

d Classe du mot (nom, verbe, adjectif, etc.)

e Genre des noms et des pronoms

f Définition

g Exemples illustrant les différents sens d'un mot

h Synonymes

Exemples d'articles

[a]**village** [d]n. [e]m. [f]Groupement d'habitations à la campagne. [g]*Mes grands-parents habitent un village de six cents habitants.* SYN. [h]**bourgade**.

(*Larousse junior*, 2013.)

[a]**animal**, [b]e, [c]aux, [d]adj. [f]Qui concerne les animaux. [g]*Les espèces animales.*

(*Larousse junior*, 2013.)

Remarque Les renseignements donnés et la manière de les présenter varient selon les dictionnaires.

---

5 **Trouve** les renseignements demandés dans un dictionnaire.

1. **clémentine**

   Classe de mot : _____

   Genre : _____

   Définition : _____

   _____

2. **tisser**

   Classe de mot : _____

   Définition : _____

   _____

   _____

   _____

> **F u t é**
>
> • Trouve dans le dictionnaire un nom masculin et un nom féminin dont tu ne connais pas la définition. Lis les deux définitions lentement. Note-les. Tente d'utiliser ces deux mots dans tes échanges de la journée.

6 **Place** les renseignements suivants aux bons endroits.

1.
- nom
- bon
- *Un bon d'achat.*
- masculin
- Papier qui donne droit à quelque chose.

Orthographe du mot : _____

Classe : _____   Genre : _____

Définition : _____

Exemple : _____

2.
- *L'agriculture biologique.*
- nom
- féminin
- Culture des sols afin d'obtenir les produits d'alimentation.
- agriculture

Orthographe du mot : _____

Classe : _____   Genre : _____

Définition : _____

Exemple : _____

7 **Observe** ton dictionnaire.
Écris si chaque énoncé est vrai ou faux.

VRAI **ou** FAUX

1. Le mot *clémentine* vient avant le mot *clémentinier*.

2. Le mot *rond* vient avant le mot *ronce*.

3. Le mot *araignée* vient après le mot *aquarium*.

4. Le mot *toile* se trouve entre les mots *souris* et *vacarme*.

5. Le mot *écureuil* se trouve entre les mots *éléphant* et *empreinte*.

🐾 J'orthographie

1 **Écris** le mot de la semaine qui correspond à chaque définition.

• aventure	• carton	• horizon	• prison	• pont
• bon	• crayon	• pardon	• pur	• salon

1. Ce matériau sert à faire des boîtes. _____

2. Établissement où l'on enferme les personnes condamnées. _____

3. Action de pardonner. _____

4. Un événement surprenant, imprévu. _____

5. Pièce d'une maison où l'on reçoit les invités. _____

6. Qui n'est pas mélangé avec autre chose. _____

7. Ligne imaginaire qui sépare le ciel de la terre ou de la mer. _____

8. Petit bâton de bois qui contient une mine et qui sert à écrire. _____

9. Papier qui donne droit à quelque chose. _____

10. Il permet de traverser la rivière. _____

2 **Écris** chaque fois une phrase avec les deux mots proposés.

aventure, salon	crayon, carton	horizon, pont

1. _____

2. _____

3. _____

🔶 J'écris

Tout un défi !

▶ **Raconte un événement de ta vie qui a représenté un défi pour toi.**

- Écris un court texte de quatre phrases.
- Souligne les noms communs.
- Fais lire ton texte à une ou un camarade.

1 a) **Souligne** les dix noms communs dans le texte.

b) **Inscris** au-dessus de chaque nom son genre et son nombre.

c) **Relie** le nom au déterminant qui l'accompagne.

> Zachary est un garçon bien spécial. Il veut toujours poser des gestes verts
>
> pour la planète. À la maison, il répare lui-même plusieurs vêtements
>
> usés. Zachary est aussi capable de réparer plusieurs objets.
>
> Ce garçon crée des jouets farfelus avec des bouteilles usagées.
>
> Il encourage ses amis à recycler.

2 a) **Souligne** les adjectifs.

b) **Prouve** qu'il s'agit bien d'un adjectif.
Utilise une manipulation.

> Maria est une fille ambitieuse. Elle rêve de sauver sa précieuse planète.
>
> Pour y arriver, elle sensibilise les jeunes personnes de son école primaire.
>
> Les nombreux élèves de sa grande école recyclent les berlingots de lait.
>
> Chaque année, Maria organise une journée spéciale sans déchets.
>
> Les élèves utilisent des contenants réutilisables dans leurs belles boîtes
>
> à lunch.

Une finale en défis !

Un défi t'attend sur cette page. Réponds aux questions afin d'en savoir un peu plus sur Rafi. Suis bien les consignes pour trouver les bonnes informations. Certains mots trouvés te permettront de compléter le texte mystère au bas de la page.

1 **Trouve** l'infinitif des verbes en gras. **Seulement deux des verbes sont nécessaires pour compléter le texte mystère.**

1. Je **joue** au ballon. _____

2. Vous vous **réunissez** demain. _____

3. Tu **rencontres** tes coéquipiers. _____

4. Nous **allons** à l'aréna tous les jours. _____

2 **Entoure** les noms communs.
Les noms communs sont des mots nécessaires pour compléter le texte mystère.

copains	Juliette	être	Kouria	renard
aller	tours	Québec	faire	Afrique

3 **Souligne** les déterminants dans les phrases suivantes.
Les déterminants sont des mots nécessaires pour compléter le texte mystère.

1. Il aime beaucoup jouer dehors.

2. Ses souliers sont jolis.

3. J'ai plusieurs bons amis.

4 **Complète** le texte avec les mots trouvés. **Place**-les aux bons endroits.

Rafi est un _____ très coquin ! Il aime j_____

_____ _____ quand il va r_____

_____ _____.

Mystère et boule de gomme!

Lis le titre. Observe l'illustration.

- Selon toi, que veut dire l'expression «mystère et boule de gomme!»?

- Quels éléments de l'illustration te font penser au mystère?

- D'après toi, de quoi sera-t-il question dans ce thème?

À l'affût dans le thème

Qu'est-ce que la fumée de mer?

Dans ce thème, tu liras une courte histoire, un extrait de roman, une recette et un texte informatif:

- *Les dentiers* de Carole Tremblay;
- *L'endroit rêvé* de Sylvie Desrosiers;
- *Recette de fantômes à la meringue*;
- *Des animaux nocturnes* de Melvin et Gilda Berger.

Tu te familiariseras avec trois stratégies de lecture. Tu écriras aussi un court texte dans lequel tu feras une description d'un lieu. Tu décriras ensuite un personnage.

1

🐾 Je lis

▶ Lis le texte. Tu découvriras ce que le chien
de Morvina a mystérieusement perdu.

Les dentiers

Le soleil est à peine levé quand la sorcière Morvina est réveillée par son chien.
Il aboie d'une étrange façon. Vraiment étrange. La sorcière frotte ses yeux
globuleux, hérissant davantage ses sourcils en bataille. Elle met ses immenses
lunettes et lance de sa voix éraillée :

5 — Qu'est-ce qui se passe, Cerbère ?

Le gros **cabot** s'approche de sa maîtresse en gémissant.
Les cheveux noirs de la sorcière se dressent presque sur sa tête
quand elle aperçoit la grande gueule édentée de son chien.

> **Cabot**
> Synonyme
> de *chien*.

— Qu'as-tu fait de tes dentiers ?! s'écrie-t-elle.

10 Le vieux chien hausse les épaules.

— Tu les as enlevés et tu les as oubliés quelque part ?

Cerbère secoue la tête.

— Non ? Calamité ! C'est donc qu'on te les a volés !

La sorcière se lève d'un bond.

> **②** À quoi servent les
> points d'exclamation
> dans cette phrase
> (ligne 13) ?

15 — Ça ne se passera pas comme ça ! annonce-t-elle.
J'appelle immédiatement le détective Zombo.

Morvina attrape le téléphone et compose
le numéro du plus grand détective
zombie du pays des Monstres.

> **Stratégie ②**
> Je tiens compte des
> signes de ponctuation.
> J'observe le point
> d'exclamation et le tiret.

20 — Ah! Morvina, c'est toi! répond l'inspecteur Zombo.
Tu te lèves bien tôt ce matin!

— L'heure est grave. Cerbère s'est fait voler ses dentiers!

— Ton vieux chien de 307 ans?

— 308 ans. C'est un coup du troll de Noirville, j'en mettrais ma main au feu.

25 — On n'accuse pas sans preuve, Morvina, réplique le détective. Ne bouge pas, ne touche à rien, je suis chez toi dans un instant.

Le temps de dire «Bouh!» l'enquêteur mort-vivant débarque chez la sorcière.

— Avant toute chose, je dois faire une rapide inspection des lieux, déclare-t-il.

Zombo entreprend un petit tour de la grotte où habite sa cliente. Après avoir
30 examiné les murs en terre battue couverts de toiles d'araignées et le vieux tapis en poils de rats, le détective fouille ensuite dans les placards aux portes grinçantes. Puis, il plonge la tête dans la cheminée noire de suie. Pas la moindre dent en vue! L'enquêteur sort alors un épais formulaire de la poche de son imperméable en lambeaux.

35 — Nous devons remplir une déclaration officielle de vol, dit-il.

— Mais je n'ai pas de temps à perdre avec tes formulaires! s'insurge Morvina.

— Le règlement, c'est le règlement! affirme l'enquêteur.

— Eh bien, si c'est comme ça, je vais trouver le coupable moi-même! s'écrie la sorcière. Et tu vas voir, ce troll va me le payer!

40 Morvina sort en claquant la porte. Elle enfourche son balai. Elle s'apprête à décoller pour se rendre à Noirville quand elle aperçoit un paquet dans sa boîte aux lettres. Un petit mot est posé dessus.

Chère Morvina,

J'ai emprunté les dents de ton chien cette nuit, car c'était la séance de photo annuelle de la chorale des squelettes. Comme tu le sais, mes dents sont toutes tombées et je n'ai pas les moyens de m'offrir un dentier. Je me suis dit que la photo serait plus gaie si j'avais un beau sourire. Je sais que j'aurais dû te prévenir, mais je n'ai pas voulu te réveiller. Tu ronflais si bien.

Ta grande amie, Fannette la squelette

La sorcière range son balai et rentre dans la grotte en brandissant fièrement les dentiers.

— Je n'ai plus besoin de tes services, Zombo, déclare-t-elle. J'ai tout réglé moi-même.

— Comment as-tu fait pour aller si vite ? s'étonne le détective.

Morvina enfouit la lettre de Fannette dans sa poche et chuchote d'un ton mystérieux :

— Ça, c'est un secret de sorcière !

Carole Tremblay

Le lieu et le moment d'un récit

- Dans un récit, on mentionne souvent le lieu (où ?) et le moment (quand ?) de l'histoire.

Questions à se poser	Exemples
Où se déroule l'histoire ? (Le lieu)	dans l'appartement, rue des Bouleaux, au bord du lac, etc.
Quand se déroule l'histoire ? (Le moment)	aujourd'hui, à l'Halloween, le soir, le 2 octobre, en l'an 2044, etc.

1 Quels sont les personnages présents dans cette histoire?

_____

_____

2 Quand se déroule l'histoire? _____

3 a) Où se déroule l'histoire? _____

b) Dans le texte *Les dentiers*, entre les lignes 29 et 34, **souligne** quatre mots ou groupes de mots qui décrivent ce lieu.

4 **Remplis** le rapport d'enquête du détective Zombo.

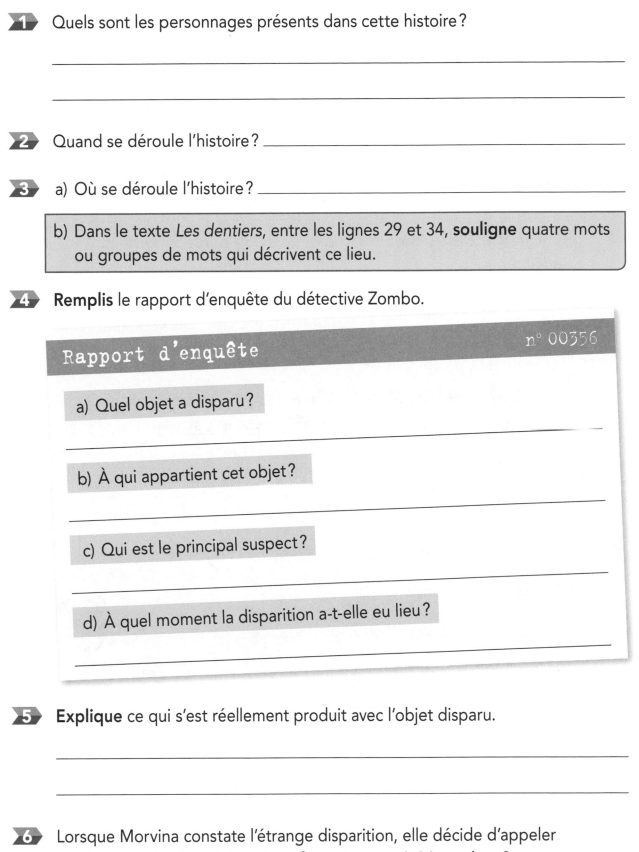

Rapport d'enquête   n° 00356

a) Quel objet a disparu?

_____

b) À qui appartient cet objet?

_____

c) Qui est le principal suspect?

_____

d) À quel moment la disparition a-t-elle eu lieu?

_____

5 **Explique** ce qui s'est réellement produit avec l'objet disparu.

_____

_____

6 Lorsque Morvina constate l'étrange disparition, elle décide d'appeler le détective Zombo. Qu'aurais-tu fait si tu avais été à sa place?

_____

_____

🐾 Je fais de la grammaire

Le groupe du nom

- Dans une phrase, chaque **nom** est le noyau d'un groupe du nom [GN].
  Le **nom** est donc le mot principal d'un groupe du nom.

- Il existe différentes manières de construire un groupe du nom.

  - Un groupe du nom peut contenir seulement le minimum.

Principales constructions du [GN] minimal	Exemples de phrases contenant un [GN] minimal
[N]	[Morvina] se réveille très tôt.
[dét. + N]	[Son chien] pousse [un aboiement].

  - Un groupe du nom peut contenir une <u>expansion</u> qui complète le **nom**.

Des constructions du [GN] avec <u>expansion</u>	Exemples de phrases contenant un [GN] avec <u>expansion</u>
[dét. + <u>adj.</u> + N]	[Le <u>vieux</u> cabot] gémit.
[dét. + N + <u>adj.</u>]	Elle cherche [les dentiers <u>introuvables</u>].

1 a) **Entoure** le noyau de chaque groupe du nom entre crochets.

b) **Souligne** les expansions quand il y en a.

1. [L'étrange inspecteur] pose [quelques questions].

2. [Ce professionnel] note [plusieurs renseignements utiles].

3. Aussi rapide que [l'éclair], il se rend sur [les lieux].

4. Il observe [tous les objets] pendant [son inspection minutieuse].

5. Il pourrait découvrir [des indices précieux] pour retrouver [les dentiers].

6. [Cette mystérieuse disparition] inquiète [Morvina].

7. Elle soupçonne [un terrible troll].

8. [Une lettre inattendue] lui permettra de résoudre [ce mystère].

3 a) **Mets entre crochets** les huit groupes du nom dans les phrases suivantes.

b) **Indique** *N* au-dessus des noms, *dét.* au-dessus des déterminants et *adj.* au-dessus des adjectifs.

1. La policière cherche des informations véridiques .

2. Elle supervise plusieurs opérations importantes .

3. Sa grande curiosité est une qualité essentielle .

4. Elle trouve des preuves convaincantes .

5. Cette habile enquêteuse dénonce beaucoup d' infractions .

4 a) **Mets entre crochets** les groupes du nom.

b) **Récris** les groupes du nom. **Ajoute** une expansion de ton choix.

Ex.: [Ce chien] reçoit [un entraînement].
   Ce chien policier   un long entraînement

1. Son apprentissage commence très tôt .

_____

2. Chaque animal passe un test .

_____

3. Plus tard , il recevra un entraînement .

_____

4. Ensemble , ils examineront un bâtiment .

_____

 **J'orthographie**

La lettre *m* devant *b*, *m* et *p*

Règles	Exemples	Exceptions	Exemples
Le plus souvent, le son an s'écrit *an* ou *en*.	fri**an**dise d**en**tier	Le son an s'écrit *am* ou *em* devant *b*, *p* et *m*.	c**am**pagne **em**mener
Le plus souvent, le son in s'écrit *in*.	**in**secte	Le son in s'écrit *im* devant *b*, *p* et *m*.	t**im**bre **im**perméable
Le plus souvent, le son on s'écrit *on*.	l**on**g	Le son on s'écrit *om* devant *b*, *p* et *m*.	c**om**battre tr**om**per

▶ **Classe** les mots de la semaine au bon endroit.

- compagnie
- compte
- empêcher
- emporter
- ensemble
- framboise
- immense
- impossible
- impression
- lampe
- nommer
- recommencer
- ressembler
- simple
- sombre
- sommet
- vampire

Mots avec la lettre *m* devant *p*

_____ _____

_____ _____

_____ _____

_____ _____

Mots avec la lettre *m* devant *m*

_____

_____

_____

_____

_____

Mots avec la lettre *m* devant *b*

_____ _____

_____ _____

Futé

- Trouve deux autres mots pour compléter chaque encadré.

Je lis

▶ Lis le texte. Tu verras quel lieu mystérieux Agnès explore.

Stratégie ②

Je tiens compte des signes de ponctuation. J'observe la virgule.

L'endroit rêvé

C'est la nuit. Une brume épaisse recouvre le paysage. Sans rien voir, Agnès avance lentement, guidée par le clapotis des vagues toutes proches.

Ses pieds nus s'enfoncent dans le sable froid de la plage. Parfois, un rayon de lune arrive à percer à travers la brume et éclaire les coquillages
5 échoués ici et là.

Il vente, pourtant Agnès n'a pas froid. Elle est toute seule, mais, du haut de ses douze ans, elle n'a pas peur.

Des crabes s'écartent sur son passage. Des vagues viennent mouiller le bas de son jeans. L'humidité de l'air fait boucler ses cheveux roux.

10 Les mains enfoncées dans les poches de son blouson, elle marche, le nez chatouillé par les odeurs de varech, de sel et de poisson.

Elle enjambe une petite épave, morceau de bois entouré d'une chaîne rouillée.

15 Elle grimpe sur un rocher. En s'agrippant aux saillies, elle découvre une inscription gravée dans la pierre : OLAN 96. Elle arrive tout en haut du rocher. Le brouillard se retire, et la lune éclaire une crique. Un des rochers qui l'entourent a la forme d'une tête de cheval, crinière au vent.

20 Le bruit des vagues s'intensifie soudain. Agnès tend l'oreille. Ce qu'elle entend est difficile à définir.

« On dirait un cheval », se dit-elle.

C'est alors qu'elle aperçoit des dos blancs qui entrent et sortent de l'eau, presque joyeusement.

Varech
Algues brunes que l'on retrouve sur la plage.

Épave
Objet échoué sur le rivage.

Saillies
Parties qui dépassent.

25   Les dos blancs accompagnent un voilier qui s'engage dans la crique. Mais il ne s'agit pas d'un bateau ordinaire. Agnès n'en a jamais vu de semblable : il est immense, tout de bois, surmonté d'une voile carrée avec un dragon sculpté à la **proue**. Il n'y a pas de moteur, mais une longue rangée de rames entrent et sortent de l'eau en cadence.

> **Proue**
> Avant d'un bateau.

30   Agnès regarde l'étrange vaisseau accoster. Des hommes et des femmes très grands, aux cheveux très longs et parlant une drôle de langue mettent pied à terre.

2 Entoure les virgules de la phrase aux lignes 35 à 37. Observe comment elles découpent la phrase en groupes de mots qui vont bien ensemble. Souligne chaque groupe de mots.

    Agnès n'a pas peur. Au contraire, elle se sent attirée par ces étranges marins.

35   Une des femmes la voit s'approcher. Elle s'avance vers elle, lui sourit, l'invite même, avec des gestes doux, à monter. Agnès s'engage sur la passerelle.

    Au moment où elle pose le pied sur le pont de ce fabuleux navire, un affreux monstre aux dents jaunes, une bave gluante dégoulinant de sa langue, l'attaque.

40   Épouvantée, toute en sueur, elle ouvre les yeux.

Sylvie Desrosiers, « Qui veut entrer dans la légende ? », *Notdog 2* © Les éditions de la courte échelle, 2010, Hors collection, p. 9 à 12.

1 **Souligne** les caractéristiques physiques qui décrivent Agnès entre les lignes 3 et 12 du texte.

2 Quand se déroule l'histoire ? _____

3 a) Où se trouve Agnès ? _____

b) Entre les lignes 1 et 9 du texte, **trouve** trois passages qui décrivent cet endroit. **Recopie** ces trois passages.

_____

_____

_____

_____

_____

4 Qu'est-ce qui permet à Agnès d'apercevoir la crique ?

_____

5 **Relève** trois noms que l'auteure utilise pour parler du bateau.

_____

6 Que fait Agnès lorsqu'une femme de l'équipage l'invite à monter à bord ?

_____

7 D'après toi, Agnès a-t-elle réellement vu ce fabuleux bateau ? **Explique** ta réponse.

_____

_____

8 a) As-tu aimé la fin de cette histoire ?   Oui ⌂   Non ⌂

b) Pourquoi ? _____

_____

Je fais de la grammaire

D'autres constructions du groupe du nom

- Voici deux autres manières de construire un groupe du nom [GN].
  Ces GN contiennent tous une <u>expansion</u> qui complète le **nom**.

D'autres constructions du [GN] avec <u>expansion</u>	Exemples de phrases contenant un [GN] avec <u>expansion</u>
[dét. + N + <u>**à** + autre GN</u>]	[Le bateau <u>**à voiles**</u>] avance au loin.
[dét. + N + <u>***de** + autre GN</u>]	Elle ouvre [la **moustiquaire** <u>**de la tente**</u>].

Remarque Dans un GN, toutes les <u>expansions</u> ont la même fonction : complément du nom.

Ex. : Dans le GN [une disparition <u>étrange</u>], l'adjectif *étrange* est une expansion qui remplit la fonction de complément du nom **disparition**.

Dans le GN [la moustiquaire <u>de la tente</u>], les mots *de, la* et *tente* forment une expansion qui remplit la fonction de complément du nom **moustiquaire**.

1 a) **Mets entre crochets** les groupes du nom.

b) **Raye** les expansions.

1. Un épais manteau recouvre les flots marins .

2. Plusieurs navigateurs d' expérience remarquent cette brume .

3. Ils l' appellent la fumée de mer .

4. Parfois , ils y aperçoivent quelques animaux étranges .

5. Une promenade à la mer peut entraîner
   des mystérieuses rencontres .

2 Dans le texte *L'endroit rêvé*, entre les lignes 3 et 9, **relève** deux groupes du nom avec cette construction : dét. + N + *de* + autre GN

_____

_____

3 a) **Mets entre crochets** les groupes du nom. **Souligne** les expansions.

b) **Récris** le groupe du nom. **Remplace** l'expansion par une autre de ton choix.

Ex.: Hier, [un marin <u>expérimenté</u>] partait.

un vieux marin

1. Son bateau à voiles était bien préparé .

_____

2. Doucement , il naviguait sur l' immense océan .

_____

3. Soudain , un fort vent s' est levé .

_____

4. L' homme inquiet observe le ciel gris .

_____

5. Son voyage de pêche doit être remis ...

_____

4 **Écris** un groupe du nom à partir du nom proposé.
Respecte la construction demandée.

1. dét. + adj. + N   voyage : _____

2. dét. + N + adj.   rêve : _____

3. dét. + N + *de* + GN   pantalon : _____

4. dét. + N + *à* + GN   sac : _____

F u t é

- Imagine à quoi ressemble le monstre qui attaque Agnès à la fin du texte (lignes 38 et 39).
  - Décris-le à l'aide de cinq groupes du nom.   - Utilise cinq constructions différentes du GN.

🐾 Je conjugue

Le radical et la terminaison du verbe

- Le verbe a deux parties : le **radical** et la **terminaison**.

Le **radical** est le *début* du verbe.	La **terminaison** est la *fin* du verbe.
Ex. : Regarder Je **regarde**. Agnès **regard**ait le navire.	Ex : Regarder Je regard**e**. Agnès regard**ait** le navire.

- Le **radical** exprime le sens du verbe.

- La **terminaison** indique la **personne** (1ʳᵉ, 2ᵉ, 3ᵉ personne), le **nombre** (singulier ou pluriel) et le **temps** du verbe (présent, imparfait, futur simple, etc.).

  Ex. : Il regard*ait*. [La terminaison -*ait* indique la 3ᵉ personne du singulier à l'imparfait.]

1   a) **Trace** un trait entre le radical et la terminaison de tous les verbes.

       b) **Souligne** les terminaisons.

Os/er	**Monter**	**Ouvrir**	**Réagir**
j' ose	tu monterais	j' ouvrirai	tu réagis
il osait	nous montons	vous ouvrez	elle réagissait
nous osions	elles montent	ils ouvraient	vous réagiriez

2   a) **Entoure** le radical du verbe à l'infinitif.

       b) **Complète** les verbes conjugués. **Ajoute** le radical.

       1. rêver :   je _____ ais   vous _____ erez   elles _____ aient

       2. frémir :   tu _____ is   on _____ ira   nous _____ issons

       3. tomber :   je _____ e   nous _____ erons   ils _____ eraient

3   Quelle partie du verbe conjugué change selon le temps, le nombre et la personne ?

_____

J'orthographie

Trouve le mot de la semaine qui correspond à chaque définition.
Au besoin, **utilise** la liste de mots à la page 132 de ton cahier.

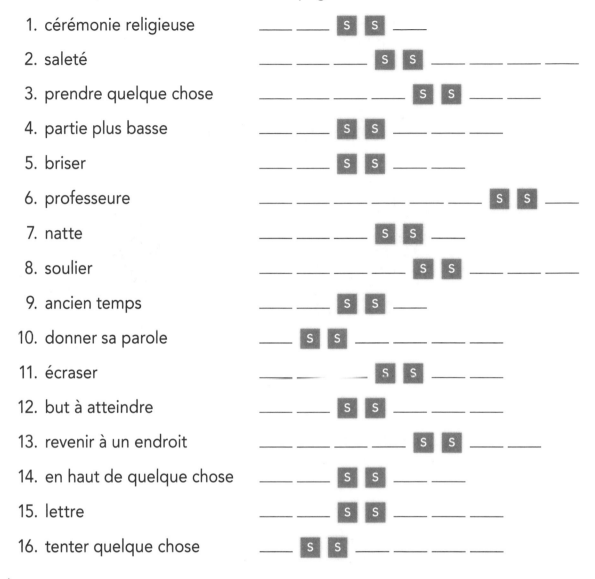

1. cérémonie religieuse ___ ___ [s] [s] ___
2. saleté ___ ___ ___ [s] [s] ___ ___ ___
3. prendre quelque chose ___ ___ ___ ___ [s] [s] ___
4. partie plus basse ___ ___ [s] [s] ___ ___
5. briser ___ ___ [s] [s] ___ ___
6. professeure ___ ___ ___ ___ ___ ___ [s] [s] ___
7. natte ___ ___ ___ [s] [s] ___ ___
8. soulier ___ ___ ___ ___ [s] [s] ___
9. ancien temps ___ ___ [s] [s] ___
10. donner sa parole ___ [s] [s] ___ ___
11. écraser ___ ___ ___ [s] [s] ___ ___
12. but à atteindre ___ ___ [s] [s] ___ ___
13. revenir à un endroit ___ ___ ___ ___ [s] [s] ___
14. en haut de quelque chose ___ ___ [s] [s] ___ ___
15. lettre ___ ___ [s] [s] ___
16. tenter quelque chose ___ [s] [s] ___ ___ ___ ___

J'écris

Cachette mystère

▶ **Pense à une pièce de ta maison où tu pourrais te cacher.**

- Écris une phrase qui explique où se situe la pièce.
- Décris ensuite cinq objets dans la pièce. Pour chaque objet, ajoute un déterminant et une expansion.
- Échange ton texte avec des camarades.
  Essayez de deviner de quelle pièce il s'agit.

3

🐾 Je lis

▶ Lis la recette suivante. Tu apprendras à cuisiner des fantômes sucrés. Ils ajouteront une touche mystérieuse à ta fête d'Halloween !

Stratégie 💡 ⑧

Je trouve les mots de relation qui font des liens entre les phrases.

Recette de fantômes à la meringue

Temps de préparation : **20 min**
Temps de cuisson : **1 h**
Temps de refroidissement au four : **1 h**
Temps total : **2 h 20**
Portions : **12**

> **Meringue**
> Pâtisserie légère faite de blancs d'œufs battus.

Ingrédients

- 2 blancs d'œufs
- 125 ml (½ tasse) de sucre
- 1 pincée de sel
- 24 fruits **confits** ou raisins secs

> **Confits**
> Conservés dans du sucre.

Préparation

Étape 1 Mettre les blancs d'œufs dans un bol.

Commencer à les battre avec un malaxeur électrique. Quand les blancs deviennent mousseux, ajouter le sucre et la pincée de sel.

Continuer à battre jusqu'à ce que les blancs deviennent fermes. Pour savoir s'ils sont prêts, retirer le malaxeur de la meringue. S'il y a des pics fermes au bout du malaxeur, c'est que la meringue est assez battue.

Étape 2 Recouvrir une plaque à biscuits avec du papier ciré ou du papier parchemin.

À l'aide d'une cuillère, laisser tomber un peu de meringue sur le papier, de façon à former un petit pic au sommet.

Répéter cette opération avec le reste du mélange.

Étape 3 Ajouter sur chaque meringue deux fruits confits ou deux raisins secs pour former les yeux.

Étape 4 Cuire une heure au four à 95 °C (203 °F).

Éteindre le four et laisser les meringues à l'intérieur encore une heure pour qu'elles refroidissent.

Truc culinaire

Voici un truc très simple pour t'aider à séparer le blanc et le jaune d'un œuf. Avant de commencer la recette, prépare les blancs d'œufs. Pour cela, place un entonnoir au-dessus d'un petit bol ou d'un verre. Lorsque c'est fait, casse l'œuf dans l'entonnoir et laisse-le couler délicatement. Tu verras: pendant que le blanc coule, le jaune reste pris dans l'embout.

> **8** Souligne les trois mots de relation dans l'encadré. À quoi servent-ils?

Les marqueurs de relation

- On peut employer des marqueurs de relation pour annoncer ou ordonner les différents éléments d'un texte.

Les marqueurs qui servent à :	Exemples
annoncer et ordonner les idées	d'abord, ensuite, enfin, après, premièrement, deuxièmement, finalement
marquer le temps	hier, demain, le lendemain, avant de, lorsque, pendant que, au cours de, quand

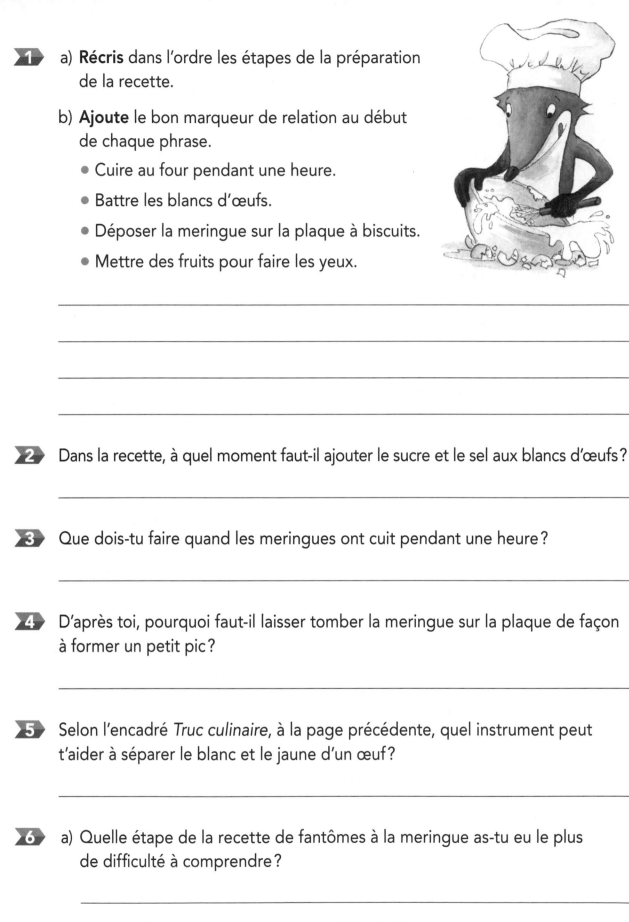

1 a) **Récris** dans l'ordre les étapes de la préparation de la recette.

   b) **Ajoute** le bon marqueur de relation au début de chaque phrase.

   - Cuire au four pendant une heure.
   - Battre les blancs d'œufs.
   - Déposer la meringue sur la plaque à biscuits.
   - Mettre des fruits pour faire les yeux.

   _____

   _____

   _____

   _____

2 Dans la recette, à quel moment faut-il ajouter le sucre et le sel aux blancs d'œufs?

   _____

3 Que dois-tu faire quand les meringues ont cuit pendant une heure?

   _____

4 D'après toi, pourquoi faut-il laisser tomber la meringue sur la plaque de façon à former un petit pic?

   _____

5 Selon l'encadré *Truc culinaire*, à la page précédente, quel instrument peut t'aider à séparer le blanc et le jaune d'un œuf?

   _____

6 a) Quelle étape de la recette de fantômes à la meringue as-tu eu le plus de difficulté à comprendre?

   _____

   b) Qu'as-tu fait pour surmonter cette difficulté?

   _____

🐾 Je fais de la grammaire

La formation du pluriel des noms et des adjectifs

Règle générale	Exemples
On ajoute un *s* au nom et à l'adjectif singulier.	un fantôme inquiétant → des fantômes inquiétants un petit monstre → des petits monstres

- Certains noms ne changent pas au pluriel :
  - Les noms qui se terminent par -*s*, -*x* ou -*z* ;
    Ex. : un tapis → des tapis   un choix → des choix   un gaz → des gaz
  - Les noms propres de personnes.
    Ex. : Il y a deux Marco Trépanier ici.

1 a) **Écris** les noms et les adjectifs au pluriel.

b) **Entoure** les noms.

1. ce matou terrible → ces _____

2. mon compagnon fidèle → mes _____

3. un monstre effrayant → beaucoup de _____

4. un tronc creux → deux _____

5. cet imperméable gris → ces _____

6. l'insecte velu → les _____

7. un Montréalais farfelu → plusieurs _____

8. son nez long → leurs _____

2 **Observe** les noms et les adjectifs des énoncés de l'exercice 1.
Note les quatre mots qui ne changent pas au pluriel.

_____

F u t é

- Trouve huit noms masculins de déguisement d'Halloween.
  Écris-les au pluriel. Ajoute un déterminant devant chaque nom.

La formation du pluriel des noms et des adjectifs (cas particuliers)

Cas particuliers	Exemples
1. On ajoute un **x**: • aux noms qui se terminent par -**au**, -**eau** et -**eu**; • aux rares adjectifs qui se terminent par -**eau**.	un noy**au** → des noy**aux** un b**eau** chât**eau** → des b**eaux** chât**eaux** un li**eu** → des li**eux**
	Exceptions Les mots *bleu*, *pneu*, *landau* et *sarrau* suivent la règle générale (ajout d'un *s*): des bl**eus**, des pn**eus**, des land**aus** et des sarr**aus**.
2. Les noms et les adjectifs en -**al** forment leur pluriel en -**aux**.	un journ**al** loc**al** → des journ**aux** loc**aux** un sign**al** fin**al** → des sign**aux** fin**aux**
	Exceptions Quelques noms et adjectifs qui se terminent par -**al** suivent la règle générale (ajout d'un *s*). Noms: des b**als**, des chac**als**, des carnav**als**, des festiv**als** et des récit**als**. Adjectifs: banals, bancals, fatals, natals et navals.

Remarques

• Quelques noms en -**ail** se terminent par -**aux** au pluriel.

Ex.: cor**ail** → cor**aux**   trav**ail** → trav**aux**   vitr**ail** → vitr**aux**

• Sept noms en -**ou** prennent un **x** au pluriel.

Ex.: bij**oux**, caill**oux**, ch**oux**, gen**oux**, hib**oux**, jouj**oux**, p**oux**

3 **Complète** les groupes du nom à l'aide des noms de la liste. **Écris** les noms au pluriel. **Utilise** chaque nom une seule fois.

• bal	• cheveu	• feu	• manteau	• sou
• bijou	• épouvantail	• genou	• orignal	• vitrail

1. les _____ horribles

2. ces _____ costumés

3. leurs _____ tachés

4. ses _____ ébouriffés

5. des _____ précieux

6. ces _____ lumineux

7. deux _____ neufs

8. deux _____ écorchés

9. ces _____ sauvages

10. les _____ éteints

4 a) Sous chaque nom, **écris** sa forme au pluriel.

b) **Choisis** deux adjectifs de la liste pour décrire chaque nom. **Écris** ces adjectifs au pluriel. **Utilise** chaque adjectif une seule fois.

- automnal
- bleu
- courageux
- discret
- doux
- officiel

1. un héros

des _____ ➝ _____ , _____

2. un vent

des _____ ➝ _____ , _____

3. un drapeau

des _____ ➝ _____ , _____

5 **Écris** au pluriel les noms et les adjectifs en gras.

1. Regarde ce **déguisement original**.

Regarde ces _____ .

2. Ce **neveu indécis** ne veut pas le porter.

Ces _____ ne veulent pas les porter.

3. Il cherche le **chapeau idéal**.

Ils cherchent les _____ .

4. Un **vieux foulard** fera l'affaire.

Deux _____ feront l'affaire.

5. En sortant, il a enlevé ce **caillou pointu**.

En sortant, il a enlevé ces _____ .

6. Un **beau flambeau** décore ta maison.

Des _____ décorent sa maison.

7. Il commence sa tournée chez son **nouveau voisin**.

Il commence sa tournée chez ses _____ .

🐾 J'orthographie

a) **Écris** l'infinitif de chacun des verbes. Tu trouveras les mots de la semaine.

b) **Note** la terminaison des verbes de chaque ensemble dans la boîte.

Verbes en _____

1. j'agis

_____

2. tu contiens

_____

3. nous partons

_____

4. ils repartent

_____

5. elle se souvient

_____

6. vous tenez

_____

Verbes en _____

7. tu conduis

_____

8. ils construisent

_____

9. nous détruisons

_____

10. vous élisez

_____

11. je souris

_____

12. il suffit

_____

Verbes en _____

13. tu ajoutes

_____

14. il fume

_____

15. vous placez

_____

16. elles transforment

_____

17. je représente

_____

18. nous existons

_____

🐾 Je conjugue

Avoir, être et *aller* au présent de l'indicatif

	Avoir	Être	Aller
1re p. s.	j' **ai**	je **suis**	je **vais**
2e p. s.	tu **as**	tu **es**	tu **vas**
3e p. s.	il/elle/on **a**	il/elle/on **est**	il/elle/on **va**
1re p. pl.	nous **avons**	nous **sommes**	nous **allons**
2e p. pl.	vous **avez**	vous **êtes**	vous **allez**
3e p. pl.	ils/elles **ont**	ils/elles **sont**	ils/elles **vont**

1 **Conjugue** les verbes suivants au présent de l'indicatif.

1. aller :   ils _____

2. être :   vous _____

3. avoir :   il _____

4. être :   tu _____

5. avoir :   ils _____

6. aller :   je _____

2 a) **Conjugue** les verbes entre parenthèses au présent de l'indicatif.

b) **Écris** la personne et le nombre au bout de chaque phrase.

1. Tu (aller) _____ chercher ta délicieuse recette.

2. Vous (avoir) _____ assez de chocolat.

3. Je (être) _____ disponible pour vous aider.

4. Nous (aller) _____ à l'épicerie.

5. Elles (être) _____ contentes de ton idée.

6. Nous (avoir) _____ faim !

Futé

- Conçois un itinéraire d'Halloween original. Compose trois phrases avec le verbe *aller*. Change de pronom de conjugaison à chaque phrase.

4

🐾 Je lis

▶ Lis le texte. Tu découvriras quelques mystères à propos de certains animaux nocturnes.

Des animaux nocturnes

> Contrairement à la plupart des animaux, les chauves-souris, les hiboux et les chouettes sont actifs la nuit. Dans le texte suivant, tu apprendras comment ils ont su s'adapter à cet environnement particulier.

Comment font les chauves-souris pour voir dans le noir ?
Elles se servent de leurs oreilles ! Lorsqu'elles volent, la plupart des chauves-souris poussent de petits cris stridents, habituellement inaudibles pour l'oreille humaine. Ces cris rebondissent sur des objets situés à proximité, et
5 les chauves-souris entendent l'écho qui en résulte.

Inaudibles
Qu'on ne peut pas entendre.

Lorsqu'un son produit rapidement un écho, la chauve-souris sait que l'objet est proche. Lorsque l'objet est loin, l'écho met plus de temps à se faire entendre. On appelle « écholocation » cette façon d'utiliser l'écho pour détecter des objets. […]

Que mangent la plupart des chauves-souris ?
10 Des insectes qui volent la nuit. Une seule chauve-souris brune peut capturer jusqu'à 600 insectes à l'heure !

Les chauves-souris sont-elles méchantes?

Pas du tout. [...] Certains croient que les chauves-souris sont méchantes
15 à cause de leurs étranges caractéristiques, comme leurs oreilles géantes
ou leur grand nez plissé. Mais il s'agit là de traits importants.

Les grandes oreilles des chauves-souris servent à l'écholocation.
Leur nez plissé leur permet de diriger les sons qu'elles produisent.
Loin d'être méchantes, les chauves-souris sont des créatures
20 nocturnes douces et intelligentes.

Pourquoi les yeux des hiboux et des chouettes brillent-ils dans le noir?

Derrière leurs yeux, une couche de
cellules appelée «tapetum» leur
permet de voir dans l'obscurité.
Le tapetum fonctionne comme
25 un miroir. Il réfléchit toute quantité
de lumière qui entre dans l'œil. Ainsi,
les hiboux et les chouettes peuvent
distinguer des objets même avec
très peu de lumière.

Les hiboux et les chouettes se fient-ils davantage à leur vision ou à leur ouïe?

30 À leur ouïe. Leurs oreilles très sensibles
peuvent capter des sons quasi inaudibles.
En fait, selon certains experts, un hibou
en train de voler peut entendre un son
aussi faible que celui produit par une
35 souris qui mâche de l'herbe sous la neige!

10 Réfléchis à ce
que tu viens de lire.
Fais un schéma
de ce que tu as
compris. Au centre,
note le titre. Autour,
écris dans tes mots
les informations
que tu as retenues.

Melvin et Gilda Berger, *Les animaux
nocturnes en questions* © Melvin
et Gilda Berger, 2000 pour le texte
© Éditions Scholastic, 2006,
pour le texte français, p. 4, 6 et 11.

🐾 Je fais de la grammaire

Les familles de mots

- Les mots appartenant à la même famille ont deux caractéristiques.

Caractéristiques	Exemple d'une famille de mots
1. Les mots d'une même famille sont formés à partir du même **mot de base**. Remarque Le **mot de base** peut changer un peu dans les mots d'une même famille. **Ex.:** fleur, floraison. 2. Les mots d'une même famille ont une parenté de sens.	insonoriser **son** sonore sonorisation sonoriser sonorité supersonique ultrason

1 a) Dans chaque ensemble, **raye** le mot qui n'est pas de la même famille.

b) **Écris** le mot de base sous chaque famille.

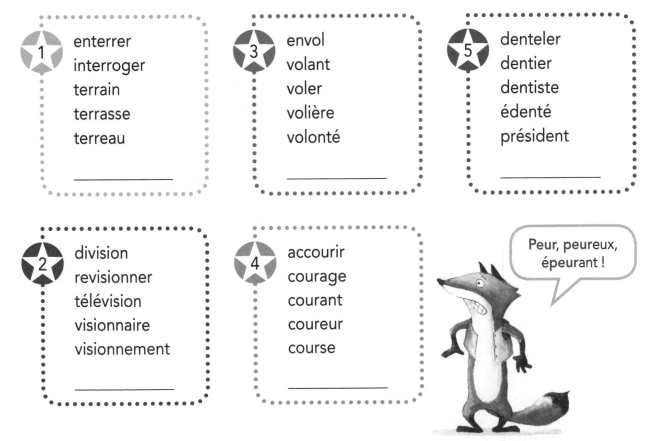

1
enterrer
interroger
terrain
terrasse
terreau

_____

3
envol
volant
voler
volière
volonté

_____

5
denteler
dentier
dentiste
édenté
président

_____

2
division
revisionner
télévision
visionnaire
visionnement

_____

4
accourir
courage
courant
coureur
course

_____

Peur, peureux, épeurant !

2 **Écris** les mots qui appartiennent à une même famille dans une case.
Regroupe ainsi par famille tous les mots de la liste.

- parapluie
- coupe-vent
- défaite
- pleuvoir
- essoufflement
- venteux
- pluie
- infaisable
- paravent
- refaire
- souffle
- télésouffleur
- faire
- souffler
- vent
- pluvieux

3 Pour chacun des mots proposés, **trouve** trois mots de la même famille.
Au besoin, **utilise** le dictionnaire.

1. dessiner : _____

2. grand : _____

3. lire : _____

4. nourrir : _____

5. saut : _____

Futé

- Trouve trois mots de la même famille que chacun
  des mots suivants : *mystère, boule* et *gomme*.

J'écris

Un mystérieux fugitif!

Tu entends un vacarme épouvantable dehors. Tu décides de chercher d'où proviennent ces bruits étranges. C'est alors que tu aperçois un personnage qui s'enfuit en courant. Plus tard, une enquêtrice à sa recherche questionne les gens du voisinage. Puisque tu as aperçu le mystérieux fugitif, elle te demande de faire sa description. Puis elle t'invite à préciser le lieu et le moment de ta découverte.

Étape 1 **Je planifie mon texte.**

À qui s'adresse la description? _____

Que décriras-tu dans ce texte? _____

_____

Étape 2 **Je note mes idées.**

Note les caractéristiques du mystérieux personnage.

Exemples de formes de personnages	Sa forme
Un humain, un animal, un objet, un autre genre de créature.	_____ _____

Exemples de caractéristiques physiques	Ses caractéristiques physiques
Le corps	
• **La silhouette**: grande, trapue, élancée. • **Le visage**: affreux, souriant, joufflu, ridé. • **Les yeux**: perçants, noirs, brillants, tristes. • **La démarche**: lourde, hésitante, souple.	_____ _____ _____ _____
Les vêtements	
• **Le manteau**: long, déchiré, neuf. • **Les souliers**: de course, chics, usés, vernis.	_____ _____

Le lieu de ta découverte
_____

Le moment de ta découverte
_____

Étape 3 **Je rédige mon brouillon.**

a) Écris ton premier jet de la description du personnage.
Ajoute une expansion dans les groupes du nom pour enrichir ton texte.

b) Vérifie maintenant ton texte. Sers-toi des éléments suivants.
Lorsque tu as vérifié un élément, coche sa case.

1. Mon portrait a un titre. ☐

2. J'ai donné au moins huit caractéristiques à mon personnage. ☐

3. J'ai mentionné le lieu et le moment où je l'ai aperçu. ☐

4. J'ai ajouté une expansion dans les groupes du nom. ☐

Étape 4 **Je corrige mon texte.**

Sers-toi des éléments suivants pour corriger ton texte.

a) Relis ton texte. À chaque lecture, concentre-toi sur un seul élément.

b) Lorsque tu as vérifié un élément, coche sa case.

1. J'ai mis la ponctuation nécessaire dans chaque phrase. ☐

2. Je m'assure que tous les mots sont là. ☐

3. J'ai utilisé des mots variés. ☐

4. J'ai bien orthographié les mots. ☐

Étape 5 **Je mets mon texte au propre.**

🐾 J'orthographie

1 **Complète** la grille à l'aide des mots de la semaine.
Pour t'aider, **raye** les mots lorsque tu les places.

1. ailleurs	5. caillou	9. cuillère	13. médaille
2. dollar	6. brouillard	10. bulle	14. paille
3. mesdemoiselles	7. fillette	11. ruelle	15. nouvelle
4. mademoiselle	8. échelle	12. papillon	

2 **Écris** l'abréviation du mot *mademoiselle*.

_____

1 a) **Mets entre crochets** les huit groupes du nom.

b) **Entoure** le noyau de chaque groupe du nom. **Souligne** l'expansion.

> Holmes est un personnage de roman créé en 1887 .
>
> Ce détective privé a mené beaucoup d' enquêtes . Il a résolu
>
> plusieurs énigmes mystérieuses dans la ville de Londres . Il est
>
> souvent accompagné de son fidèle ami , Watson .

2 a) **Mets entre crochets** les groupes du nom.

b) **Récris** les phrases. **Ajoute** une expansion dans chaque groupe du nom.

1. Pour ouvrir ce coffre , le gardien utilise un outil .

_____

_____

2. Il découvrira peut-être un message ou un trésor .

_____

_____

3 **Écris** au pluriel les noms et les adjectifs en gras.

1. Le **petit garçon** a reçu un **cadeau spécial**.

Les _____ ont reçu des _____ .

2. Il pourra nourrir le **vieux hibou**.

Ils pourront nourrir les _____ .

3. L'**oiseau nocturne** pousse un **cri surprenant**.

Les _____ poussent des _____ .

4. L'**enfant** flatte les plumes de cet **animal curieux**.

Les _____ flattent les plumes de _____ .

Une finale énigmatique

À toi de résoudre l'énigme suivante : *Je commence la nuit et je termine le matin. J'apparais également deux fois dans une décennie. Qui suis-je ?*
Pour découvrir cette énigme, fais d'abord les exercices suivants.
Entoure ensuite les lettres des mots trouvés dans la grille mystère.

1 **Conjugue** les verbes au présent de l'indicatif.

1. aller : tu _____

2. être : vous _____

3. avoir : nous _____

4. être : je _____

5. aller : vous _____

6. avoir : elles _____

7. être : nous _____

Grille mystère

L	E	H	C	R	A	M
Z	S	R	S	A	V	A
E	E	L	I	T	O	L
L	M	E	E	O	N	T
L	M	R	T	T	S	R
A	O	E	E	O	N	T
F	S	N	S	U	I	S

2 **Trouve** le mot de base de chaque famille de mots.

1. forestier, déforestation, foresterie : _____

2. literie, aliter, couvre-lit : _____

3. démarche, marcher, marcheur : _____

4. noircir, noirceur, noircissement : _____

3 **Écris** dans l'ordre les lettres non encerclées pour découvrir la clé de l'énigme.

_____ _____ _____ _____ _____ _____ _____

Plus grand que nature

Lis le titre. Observe l'illustration.

- Quels éléments de l'illustration te paraissent plus grands que nature?

- D'après toi, de quoi sera-t-il question dans ce thème?

À l'affût dans le thème

Quel exploit le pilote américain Charles Lindbergh a-t-il réalisé?

Dans ce thème, tu liras trois textes informatifs et un extrait de roman :

- *Les records* de Delphine Grinberg;
- *Louis Cyr* adapté par François Tardif;
- *Les termitières* de Bobbie Kalman et John Crossingham;
- *Lindbergh traverse l'Atlantique* d'Agnès Vandewiele.

Tu te familiariseras avec trois stratégies de lecture. Tu composeras un court texte dans lequel tu décriras deux records farfelus accomplis par des animaux. Tu en écriras un autre pour décrire un exploit extraordinaire que tu aimerais réaliser.

Je lis

► Lis le texte suivant. Tu découvriras des lieux
et des constructions humaines exceptionnels.

Le titre ▷

Immenses montagnes, déserts, océans... ◁ Un sous-titre

Quel est le plus grand désert? ◁ Un intertitre
Le Sahara en Afrique.

Il est aussi grand que les États-Unis, mais beaucoup
moins peuplé. Deux millions et demi de personnes
y vivent, alors qu'il y a 308 millions d'habitants
5 aux États-Unis.

À ton avis, quel est le plus haut sommet?
L'Everest mesure 8 850 mètres.

Le mont Blanc atteint 4 807 mètres. Le volcan Mauna
Kea s'élève à 10 230 mètres. Mais on n'en voit qu'une
partie: plus de 6 000 mètres sont cachés sous l'eau.

▲ Le désert du Sahara

Où est le plus grand océan?
10 Tout autour de la Terre!

C'est l'océan mondial. Pour que ce soit plus
pratique, on l'a divisé en 5 océans qui se touchent:
l'Atlantique, l'océan Indien, l'océan Antarctique,
l'océan Arctique et le Pacifique. Le Pacifique est
15 si grand qu'il pourrait contenir les quatre autres.

Quel est le plus long fleuve?
Le Nil.

Une goutte qui part de sa source traverse 9 pays
jusqu'à la mer Méditerranée. Là où le Nil coule,
le désert du Sahara se transforme en jardin.

▲ Le Nil ◁ Une légende

Constructions et inventions stupéfiantes

1 De quelles constructions parle-t-on ? Lis les intertitres pour le savoir.

Le plus haut gratte-ciel

20 Les 124 étages du Burj Khalifa à Dubaï ont été construits en trois ans et sept mois ; 35 000 personnes y habitent ou y travaillent. Autant que dans une petite ville ! On peut monter au 120ᵉ étage en 50 secondes dans l'un des 53 ascenseurs.

Le Burj Khalifa (827 mètres) ▶

La plus haute pyramide

25 Environ 20 000 ouvriers ont travaillé pendant 20 ans pour construire le futur tombeau du jeune pharaon Khéops. La pyramide de Khéops sera la plus grande construction pendant 3 800 ans.

◀ La pyramide de Khéops (146 mètres)

Le plus long pont sur l'eau

Il a fallu quatre ans aux 10 000 ouvriers
30 pour planter tous les piliers, puis poser le pont Qingdao en Chine… en utilisant 450 000 tonnes d'acier.

Delphine Grinberg, *Le Dokéo des records*, © Éditions Nathan, 2011.

Le texte informatif

- Le texte informatif sert à donner de l'information sur toutes sortes de réalités comme un animal, un objet, un lieu ou une activité.

- Les **marques d'organisation** du texte informatif :
  - Le **titre** annonce le sujet.
  - Les **sous-titres** donnent des détails sur le sujet.
  - Les **intertitres** présentent chacune des parties du développement.
  - L'**encadré** apporte des informations supplémentaires.
  - La **légende** donne des informations sur une illustration ou un schéma.
  - Le **schéma** est une illustration simplifiée qui aide à comprendre une information.

1 ▸ Quel est le sujet du texte ? **Sers**-toi du titre et des sous-titres pour répondre.

_____

2 ▸ **Coche** les deux sous-titres qui pourraient remplacer le sous-titre _Constructions et inventions stupéfiantes._

1. D'incroyables réalisations humaines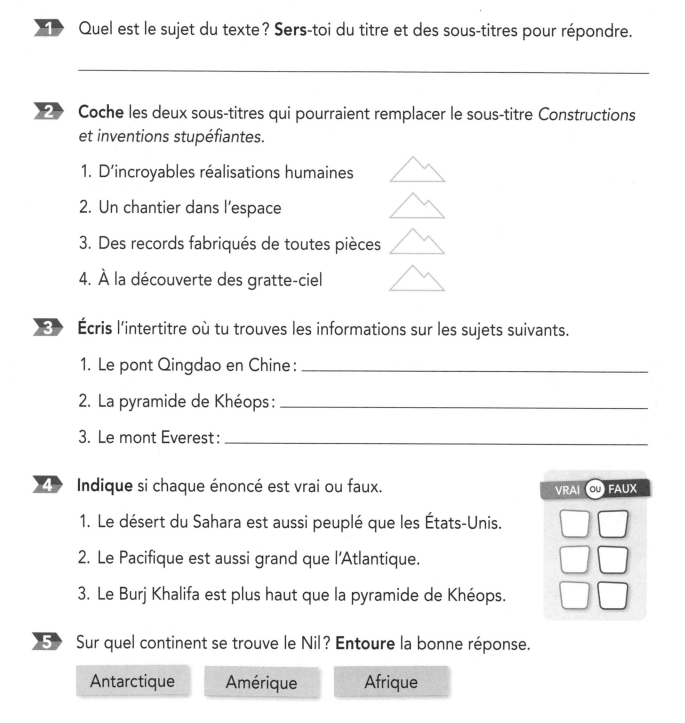

2. Un chantier dans l'espace

3. Des records fabriqués de toutes pièces

4. À la découverte des gratte-ciel

3 ▸ **Écris** l'intertitre où tu trouves les informations sur les sujets suivants.

1. Le pont Qingdao en Chine : _____

2. La pyramide de Khéops : _____

3. Le mont Everest : _____

4 ▸ **Indique** si chaque énoncé est vrai ou faux.

VRAI **ou** FAUX

1. Le désert du Sahara est aussi peuplé que les États-Unis.

2. Le Pacifique est aussi grand que l'Atlantique.

3. Le Burj Khalifa est plus haut que la pyramide de Khéops.

5 ▸ Sur quel continent se trouve le Nil ? **Entoure** la bonne réponse.

Antarctique   Amérique   Afrique

6 ▸ Malgré ses 10 230 mètres, le volcan Mauna Kea n'est pas considéré comme le plus haut sommet du monde. Pourquoi ?

_____

_____

7 ▸ **Note** le record que tu trouves le plus impressionnant.

_____

🐾 Je fais de la grammaire

La formation du féminin des noms et des adjectifs

Règle générale	Exemples de noms	Exemples d'adjectifs
On ajoute un *e* au nom ou à l'adjectif masculin.	un ami → une amie Simon → Simone un renard → une renarde	bleu → bleue grand → grande stupéfiant → stupéfiante

Remarques

• Le **féminin** de certains noms est complètement différent du masculin.
   Ex.: un mouton → une **brebis**; un neveu → une **nièce**; un garçon → une **fille**.

• Certains noms et adjectifs s'écrivent de la même manière au masculin et au féminin.
   Ex.: un/une élève; un/une enfant; immense; incroyable.

1 Dans le texte *Les records*, à la ligne 27, **entoure** l'adjectif au féminin.

2 **Complète** les groupes du nom à l'aide des adjectifs de la liste.
Écris les adjectifs au féminin. **Utilise** chaque adjectif une seule fois.

• enneigé	• imposant	• profond
• humain	• inachevé	• spatial

1. une tour _____

2. cette pyramide _____

3. la station _____

4. une montagne _____

5. cette mer _____

6. une réalisation _____

3 a) **Écris** les noms et les adjectifs au féminin.

b) **Entoure** les adjectifs.

1. le peintre appliqué → la _____

2. cet artisan patient → cette _____

3. un architecte reconnu → une _____

4. un homme adroit → une _____

5. ce brillant candidat → cette _____

La formation du féminin des noms et des adjectifs (cas particuliers)

Cas particuliers	Exemples de noms	Exemples d'adjectifs
On double la consonne finale et on ajoute un *e* : -el → -elle -en → -enne -et → -ette -on → -onne	Daniel → Danielle un gardien → une gardienne un cadet → une cadette un patron → une patronne	actuel → actuelle moyen → moyenne coquet → coquette bon → bonne

Exceptions

- Quelques adjectifs en -**et** font -**ète**.
  Ex. : complet, complète ; inquiet, inquiète ; secret, secrète.

- Quelques adjectifs en -**s** font -**sse**.
  Ex. : bas, basse ; épais, épaisse ; gros, grosse.

- L'adjectif *pareil* s'écrit *pareille* au féminin.

4 a) Sous chaque nom de personnage, **écris** sa forme au féminin.

b) **Choisis** ensuite deux adjectifs de la liste pour décrire chaque personnage. **Écris** ces adjectifs au féminin à côté du nom. **Utilise** chaque adjectif une seule fois.

• canadien	• glouton	• inquiet	• maigrichon	• ponctuel
• discret	• habile	• intellectuel	• muet	• rondelet

1. un bouffon

   une _____ → _____ , _____

2. un mathématicien

   une _____ → _____ , _____

3. un athlète

   une _____ → _____ , _____

4. un blondinet

   une _____ → _____ , _____

5. un bûcheron

   une _____ → _____ , _____

La formation du féminin des noms et des adjectifs (cas particuliers)

Cas particuliers	Exemples de noms	Exemples d'adjectifs
On transforme la finale :		
-er → -ère	berg**er** → bergère	cher → chère
-f → -ve	Jui**f** → Juive	vi**f** → vive
-eur → -euse	ski**eur** → skieuse	fonc**eur** → fonceuse
-eux → -euse	chanc**eux** → chanceuse	heur**eux** → heureuse
-eau → -elle	cham**eau** → chamelle	b**eau** → belle
-teur → -trice	institu**teur** → institutrice	migra**teur** → migratrice
-teur → -teuse	visi**teur** → visiteuse	men**teur** → menteuse

Exceptions

Quelques noms et adjectifs qui se terminent par **-teur** et **-eur** suivent la règle générale (ajout d'un *e*).

Ex. : aut**eure**, profess**eure**, extéri**eure**, meill**eure**.

---

5 **Écris** au féminin les noms et les adjectifs en gras.

1. Un **explorateur courageux** raconte son aventure.

   Une _____ raconte son aventure.

2. Avec son **nouveau coéquipier**, il a traversé un désert.

   Avec sa _____, elle a traversé un désert.

3. L'auditoire écoute ce **fier sportif**.

   L'auditoire écoute cette _____.

4. Un **spectateur attentif** lui pose des questions.

   Une _____ lui pose des questions.

5. Ce **voyageur curieux** tentera le même périple.

   Cette _____ tentera le même périple.

Futé

- Trouve trois adjectifs différents pour décrire chacun des lieux suivants : une montagne, une mer, une ville, une pyramide. Pour t'inspirer, relis le texte *Les records* (p. 64).

6 Écris les noms aux formes demandées.

Masculin singulier	Féminin singulier	Masculin pluriel	Féminin pluriel
cavalier	_____	_____	_____
_____	colonelle	_____	_____
_____	_____	_____	sportives
moniteur	_____	_____	_____

🐾 J'orthographie

Le son « g »

- **Son « g dur »** La lettre g a le son « g dur » devant *a*, *o* et *u*.
  Ex. : gagner, gourde, longue.

a) Parmi les mots de la semaine, **repère** ceux qui ont un « g dur » suivi d'une voyelle. **Encercle** le g et la lettre qui suit.

• avant-hier	• garde	• regard
• de temps en temps	• goût	• rendez-vous
• dragon	• grave	• signe
• éloigner	• hier	• tout à coup
• fatiguer	• magnifique	• toutefois
	• quelquefois	

b) **Écris** les quatre mots qui contiennent un *g* suivi d'une consonne.

_____

c) **Écris** les mots de la liste qui réfèrent au temps. _____

_____

d) **Trouve** un mot qui veut dire la même chose que…

soudainement : _____   mais : _____

rencontre : _____

🐾 Je lis

▶ Lis ce texte. Tu découvriras l'histoire d'un jeune garçon qui rêve de devenir comme Louis Cyr, un des hommes les plus forts du monde.

Stratégie ③
Je cherche les mots importants dans la phrase.

LOUIS CYR

Depuis plusieurs nuits, Louis Samson, un garçon âgé de huit ans, rêve que deux ogres l'attaquent et l'écrasent. Il décide de demander conseil à Madame Jeanne, la bibliothécaire.

« Madame Jeanne, est-ce que vous avez déjà lu un livre qui explique comment entrer dans les cauchemars ?

— Pourquoi ? As-tu des cauchemars qui te **donnent du fil à retordre** ? »

Donner du fil à retordre
Causer des soucis, des problèmes.

Louis lui raconte alors ses mésaventures des derniers jours. Madame
5 Jeanne l'écoute jusqu'au bout. Puis, sans attendre, et avec la fougue qu'on lui connaît, se dirige vers un rayon de la bibliothèque et en ressort rapidement avec un grand livre rouge qui a pour titre : *Les cauchemars de Léonard !* Les yeux remplis d'étincelles, elle lui raconte l'histoire d'un petit garçon qui ne voulait plus
10 dormir, ses nuits étant trop dangereuses, disait-il. Sa gardienne, jeune fille aux mille idées, l'aida en lui proposant de devenir le super-héros de son choix.

③
Dans la phrase qui débute à la ligne 5, souligne les trois groupes de mots importants. Un indice : ils expliquent ce que fait Madame Jeanne.

« Tu vois Louis, explique Madame Jeanne, selon le personnage de ce livre, il est possible de changer ses cauchemars en décidant
15 de **jouer au plus fin** avec les monstres qu'on y rencontre. Tu peux, si tu veux, et si tu le décides vraiment, devenir quelqu'un d'autre dans tes rêves !

Jouer au plus fin
Être plus malin.

— Je veux devenir l'homme le plus fort du monde !

— Alors c'est très simple, deviens comme Louis Cyr », lui dit Madame
20 Jeanne la bibliothécaire. Elle empila dans ses mains cinq ou six récits
évoquant cet homme fantastique qui avait réussi, dans sa vie,
des exploits extraordinaires !

Avant de se coucher ce soir-là, Louis apprit que Louis Cyr était né à
Saint-Cyprien-de-Napierville le 10 octobre 1863. Dans sa vie, il avait réalisé
25 des exploits inégalés. À l'âge de dix-huit ans, il a gagné un concours d'homme
fort en soulevant de terre un percheron français (un cheval de trait) et
en le portant sur son dos. Toujours à l'aide de son dos, Louis Cyr
a déjà soulevé un poids de 4 337 livres. Un jour, d'un seul doigt,
il réussit même à soulever un poids de 551 livres. Il a réussi tant
30 d'exploits en soulevant des poids inimaginables avec ses deux
mains qu'il est considéré comme l'homme le plus fort qui
ait jamais existé.

Louis, en apprenant tout cela, se décide donc,
avant de s'endormir, d'inviter Louis Cyr à le visiter
dans ses rêves.

35 Cette nuit-là, cinq minutes après que
Louis Samson se fut endormi, deux ogres
cauchemardesques effectuèrent leur dernière
visite dans les rêves du petit garçon. Aussitôt
qu'ils plongèrent sur Louis pour l'écraser, le petit
40 se transforma en Louis Cyr et les souleva comme
une plume avant de les projeter aussi loin que
la plus lointaine des étoiles. Il paraît que jamais,
dans le monde des cauchemars, on a vu des monstres
avoir si peur d'un rêveur. Jamais plus Louis ne revit les deux ogres.
45 L'histoire de Louis Cyr lui avait donné le courage de dépasser ses peurs.

Cette histoire inspira tellement Louis Samson qu'il devint à son
tour un des hommes les plus forts du monde. S'il y a des ogres près
de chez vous, et si Louis Cyr n'est pas trop occupé, invitez-le dans
vos rêves, et vous dormirez comme un bébé !

Louis Cyr et autres contes du Québec, texte de François Tardif © 2013, Éditions Auzou, p. 4 à 7.

Évoquer
Se rappeler
un souvenir.

Livre
Mesure de poids
qui équivaut à
454 grammes.

3
Dans la phrase qui
débute à la ligne 29,
souligne le groupe de
mots qui te donne une
information importante
sur Louis Cyr.

Inspirer
Influencer.

1 Qui est le personnage principal de cette histoire?

_____

2 Pourquoi le garçon veut-il devenir l'homme le plus fort du monde?

_____

3 **Entoure** les adjectifs qui décrivent Madame Jeanne.

enthousiaste   grincheuse   attentive

rêveuse   aidante   comique

4 **Note** trois exploits de Louis Cyr.

_____

_____

_____

5 Dans le texte, on dit que deux ogres cauchemardesques visitent le petit Louis.

a) Selon toi, que veut dire le mot *cauchemardesques*?

_____

b) Quelle stratégie as-tu utilisée pour trouver ta définition?

_____

6 **Explique** dans tes mots comment le garçon a réglé son problème
de cauchemars.

_____

_____

7 Quel moyen utilises-tu pour chasser tes cauchemars?

_____

_____

🐾 Je fais de la grammaire

Les accords dans le groupe du nom

- Dans un groupe du nom [GN], le **nom** (noyau) donne son genre et son nombre au **déterminant** et à l'**adjectif**.

  m. pl.   f. s.

  Ex. : [Ces **hommes** étonnants] ont [une **force** surhumaine].

  Remarque Le nom est un donneur d'accord. Le **déterminant** et l'**adjectif** sont des receveurs d'accord.

1 **Mets entre crochets** les groupes du nom qui se trouvent aux lignes 21 et 22 du texte *Louis Cyr*. **Écris** le genre et le nombre au-dessus du noyau de chaque GN.

2 a) Dans chaque groupe du nom en gras, **fais** un point au-dessus du nom. **Écris** son genre et son nombre.

b) **Trace** une flèche pour relier le nom au déterminant et à l'adjectif qui l'accompagnent.

m. s.

1. Dès **son jeune âge**, Louis Cyr impressionnait **les gens**.

2. On raconte **beaucoup d'histoires** sur **ses capacités extraordinaires**.

3. **L'homme fort** a fait **plusieurs démonstrations publiques**.

4. Il a soulevé **une large plate-forme** soutenant

   dix-huit hommes.

5. **Ce Canadien** a même réussi à retenir

   quatre chevaux farouches.

3 **Forme** quatre groupes du nom. **Utilise** chaque fois un déterminant, un nom et un adjectif. **Prête attention** au genre et au nombre de chaque mot.

• cette	• acclamations	• bruyantes
• des	• foule	• étonnée
• les	• public	• impatients
• un	• spectateurs	• surpris

1. _____   3. _____

2. _____   4. _____

4 a) **Mets entre crochets** les 12 groupes du nom.

b) **Fais** un point au-dessus du noyau de chaque GN. **Écris** son genre et son nombre.

Le bousier est un petit scarabée qui possède

une force inégalée . Il mesure seulement

un centimètre . Il est capable de tirer une charge qui équivaut

à plus de mille cent bousiers réunis . Imagine , c'est

comme si une seule personne soulevait treize éléphants !

Cette puissance extraordinaire permet à l' insecte de repousser

ses adversaires avec ses antennes crochues .

- Prépare 12 étiquettes. Trouve quatre déterminants, quatre noms et quatre adjectifs de genre et de nombre différents. Écris chaque mot sur une étiquette.

- Jumelle tes étiquettes avec celles d'un autre camarade. Ensemble, formez le plus grand nombre possible de groupes du nom bien accordés. Notez-les sur une feuille.

Je conjugue

	Aimer	Porter	Compter
1re p. s.	j' **aime**	je **porte**	je **compte**
2e p. s.	tu **aimes**	tu **portes**	tu **comptes**
3e p. s.	il/elle/on **aime**	il/elle/on **porte**	il/elle/on **compte**
1re p. pl.	nous **aimons**	nous **portons**	nous **comptons**
2e p. pl.	vous **aimez**	vous **portez**	vous **comptez**
3e p. pl.	ils/elles **aiment**	ils/elles **portent**	ils/elles **comptent**

- *Aimer* est un verbe modèle pour deux raisons :
  1. Plusieurs verbes en -*er* gardent toujours le même **radical**, comme *aimer*. On obtient ce radical en enlevant -*er* à l'infinitif.
  2. Tous les verbes en -*er* ont les mêmes **terminaisons** qu'*aimer*. *Aller* est une exception.

1 a) **Conjugue** les verbes au présent de l'indicatif.

b) **Entoure** les terminaisons.

1. regarder : tu _____

2. étudier : elles _____

3. échapper : j'_____

4. ressembler : nous _____

5. montrer : vous _____

6. hésiter : on _____

2 **Conjugue** les verbes entre parenthèses au présent de l'indicatif.

1. Nous (participer) _____ à une compétition d'athlétisme.

2. À la première épreuve, je (lancer) _____ un disque.

3. À la deuxième épreuve, vous (sauter) _____ sur un matelas.

4. À la troisième épreuve, elles (marcher) _____ deux kilomètres.

5. Tu (encourager) _____ tes camarades auprès du juge.

6. Il (noter) _____ les résultats.

7. Ensemble, vous (féliciter) _____ les participants.

J'orthographie

a) **Classe** les mots de la semaine dans le bon tableau.

- ange
- arranger
- bouger
- cage
- courage
- dangereux
- étage
- étrange
- geste
- imaginer
- magie
- magique
- mariage
- mélange
- obliger
- ouvrage
- singe

Mots avec *ange*	Mots avec *age*	Mots avec *agi*

b) **Écris** les quatre mots qui restent. **Entoure** leur caractéristique commune.

_____

J'écris

Des records impossibles

▶ **Le magazine *Loufoque* te demande de décrire deux records farfelus que pourraient accomplir des animaux.**

- Compose un court paragraphe pour décrire chaque record.
- Donne un titre à ton texte. Ajoute deux intertitres pour annoncer le sujet de chaque paragraphe.

Je lis

Lis le texte suivant. Tu découvriras les constructions impressionnantes des termites.

Stratégie 3
Je cherche les mots importants dans la phrase.

LES TERMITIÈRES

La vie en groupe

Certains insectes, comme les fourmis, les abeilles, les termites et certaines espèces de guêpes, sont des insectes sociaux. Ils vivent en grands groupes appelés « colonies », qui comptent parfois plus d'un million d'insectes !

3 Souligne le groupe de mots important qui explique comment vivent les insectes sociaux.

Un travail d'équipe

5   Les insectes qui vivent en colonies travaillent ensemble pour éloigner les prédateurs. Ils unissent aussi leurs efforts pour construire des habitations qui comprennent de nombreuses pièces. Certaines de ces pièces abritent les jeunes. D'autres servent à entreposer la nourriture.
10   Il y a même des pièces pour mettre les déchets !

[…]

Roi   Reine   Ouvrier

▲ Les membres d'une colonie de termites

◄ Une termitière

Les termitières

Certains termites construisent d'énormes habitations appelées « termitières ». Ce sont des monticules
15   faits d'un mélange de terre, de salive et d'excréments de termites. Ils font parfois plus de neuf mètres de haut ! Chaque termitière peut abriter plus d'un million de termites. Les ouvriers
20   travaillent en permanence à la nettoyer et à la réparer.

Termiteville

Une termitière, c'est comme une ville. L'intérieur de cet immense monticule est sillonné de tunnels et de pièces en longueur appelées « galeries ». La plupart des termites vivent dans ces galeries. Les galeries principales
25 se trouvent à environ trois mètres sous terre. Le roi et la reine occupent la chambre royale, une galerie aménagée au milieu de la termitière.

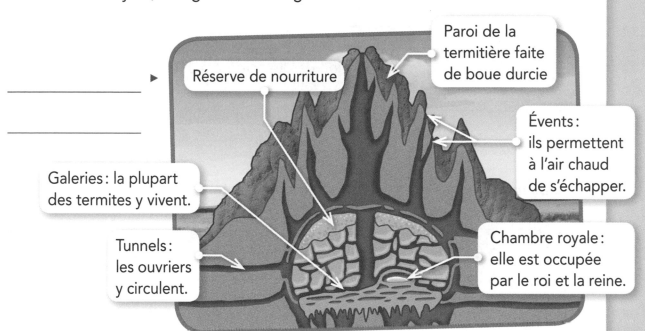

Réserve de nourriture

Paroi de la termitière faite de boue durcie

Évents : ils permettent à l'air chaud de s'échapper.

Galeries : la plupart des termites y vivent.

Tunnels : les ouvriers y circulent.

Chambre royale : elle est occupée par le roi et la reine.

À boire et à manger

Beaucoup de tunnels de la termitière débouchent sur l'extérieur. Ainsi, les ouvriers peuvent sortir facilement pour ramasser du bois, des graines, des lichens et d'autres végétaux afin de nourrir la
30 colonie. [...] Les tunnels les plus profonds de la termitière mènent à de l'eau souterraine, emmagasinée dans le sol. Les termites ont besoin de cette eau pour survivre.

Le savais-tu ?

Les termitières sont climatisées ! Elles sont munies d'évents. Ce sont des trous d'aération qui permettent à l'air chaud de s'échapper. Les ouvriers gardent l'habitation à une température confortable en enlevant ou en ajoutant de la terre sur ces évents.

Sillonné
Creusé.

Lichen
Végétal microscopique.

Extrait de Bobbie Kalman et John Crossingham, *Les habitations des insectes*, traduction de Marie-Josée Brière, © Bayard Canada Livres Inc., 2008.

1 ▸ Dans le texte *Les termitières*, **encercle** le titre. **Souligne** ensuite les sous-titres. **Mets entre crochets** les intertitres.

2 ▸ **Note** deux raisons pour lesquelles les insectes vivent en colonies.

_____

_____

3 ▸ Selon toi, pourquoi compare-t-on une termitière à une ville ?

_____

_____

4 ▸ **Observe** le schéma de la page 79. **Remplis** le tableau suivant.

Noms des parties de la termitière	Leur utilité
tunnel	_____
galerie	_____
chambre royale	_____
évent	_____

5 ▸ **Invente** une légende appropriée pour le schéma de la page 79. **Écris**-la à côté de l'illustration.

6 ▸ Que font les termites ouvriers ? **Note** trois tâches décrites dans le texte.

_____

_____

_____

7 ▸ a) Le nom *termite* est-il masculin ou féminin ? _____

b) Dans le texte, **souligne** un groupe du nom qui prouve ta réponse.

🐾 Je fais de la grammaire

La vérification des accords dans le groupe du nom

Étapes	Exemples
1. **Mets** le GN entre crochets. **Dessine** un point au-dessus du nom (noyau).	Ils réparent [les galerie souterraine].
2. **Note** le genre (m. ou f.) et le nombre (s. ou pl.) du nom au-dessus du point. Si le nom n'a pas les bonnes marques de genre et de nombre, **corrige**-le.	f. pl. Ils réparent [les galerie souterraine].
3. **Trace** des flèches allant du nom vers le déterminant et du nom vers la finale de l'adjectif, s'il y en a un.	f. pl. Ils réparent [les galerie souterraine].
4. **Vérifie** si le déterminant et l'adjectif ont reçu le genre et le nombre du nom. **Apporte** les corrections nécessaires.	f. pl. Ils réparent [les galerie souterraine].

1 a) **Vérifie** les accords dans chaque groupe du nom.

b) **Corrige**-les au besoin. **Laisse des traces** de ta démarche.

1. une habitation impressionnant

2. trois minuscule ouvertures

3. cet espace dissimulée

4. des vaste pièces

5. plusieurs tunnels étroit

6. des termitières aéré

2 a) **Récris** les groupes du nom en gras au nombre demandé (singulier ou pluriel). **Ajoute** un adjectif de ton choix.

b) **Accorde** les groupes du nom. **Laisse des traces** comme dans l'exemple.

Ex. : J'observe **cet insecte**.

m. pl.

pluriel : J'observe ces insectes minuscules.

1. Ils transportent **un champignon**.

   pluriel : Ils transportent _____.

2. Certains déchirent **une feuille**.

   pluriel : Certains déchirent _____.

3. **Quelques branches** sont grugées.

   singulier : _____ est grugée.

4. Les aliments sont enfouis dans **leur nid.**

   pluriel : Les aliments sont enfouis dans _____.

5. Les insectes circulent dans **des couloirs.**

   singulier : L'insecte circule dans _____.

6. La termitière renferme **une galerie.**

   pluriel : La termitière renferme _____.

7. J'aimerais voir l'intérieur de **ces repaires.**

   singulier : J'aimerais voir l'intérieur de _____.

3 a) **Mets entre crochets** les 18 groupes du nom dans les phrases suivantes.

b) **Vérifie** les accords dans chaque GN. **Corrige**-les au besoin.
Laisse des traces de ta démarche comme dans l'exemple.

                                    f. s.

Si tu observes [une grande ville], tu apercevras sûrement

quelques haute tours . Ces constructions impressionnante peuvent

abriter plusieurs habitation , des hôtels , des bureau professionnel ou

des centres commercial . Elles servent aussi à transmettre des ondes

qui facilitent les nombreuse communications . Aujourd'hui,

beaucoup d' édifices moderne sont fabriqués avec

des matériaux résistant . Certaines tours célèbre mesurent plus

de cinq cents mètre . Des ascenseurs rapide permettent

d' atteindre le sommet . Tout en haut, on y aménage parfois

une grande terrasse panoramique pour satisfaire tous

les visiteur curieux . Ils profitent alors d' une vue exceptionnel

sur les environs .

Futé

- Récris le texte de l'exercice 3. Change chaque adjectif dans les groupes du nom par un adjectif de ton choix. Vérifie les accords dans les GN.

Je conjugue

Les verbes en *-ir* comme *finir* au présent de l'indicatif

	Finir	Bondir	Gravir
1re p. s.	je **finis**	je **bondis**	je **gravis**
2e p. s.	tu **finis**	tu **bondis**	tu **gravis**
3e p. s.	il/elle/on **finit**	il/elle/on **bondit**	il/elle/on **gravit**
1re p. pl.	nous **finissons**	nous **bondissons**	nous **gravissons**
2e p. pl.	vous **finissez**	vous **bondissez**	vous **gravissez**
3^e p. pl.	ils/elles **finissent**	ils/elles **bondissent**	ils/elles **gravissent**

- Les verbes en *-ir* comme *finir* ont un radical en *-iss-* aux 1re, 2e et 3e personnes du pluriel. Ils ont les mêmes terminaisons que les autres verbes en *-ir*.

- Environ 250 verbes en *-ir* se conjuguent comme *finir*.

1 a) **Conjugue** les verbes au présent de l'indicatif.

b) **Entoure** la terminaison de chaque verbe.

1. agir : tu _____ vous _____

2. bâtir : je _____ nous _____

3. réunir : il _____ elles _____

4. vernir : je _____ vous _____

5. fournir : on _____ ils _____

2 **Conjugue** les verbes au présent de l'indicatif.

Au parc d'attraction, nous (choisir) _____ de monter

dans ce manège. On (avertir) _____ les passagers de boucler

leurs ceintures. Nous (obéir) _____ aux consignes.

Pendant la descente, vous (blêmir) _____.

Tu (réussir) _____ à reprendre tes esprits. Le manège

(ralentir) _____ peu à peu. Ouf ! C'est terminé !

J'orthographie

1 a) **Écris** des groupes du nom à partir des mots de la semaine.
Respecte le genre et le nombre demandés. **Utilise** chaque mot une seule fois.

b) **Vérifie** les accords. **Laisse des traces** de ta démarche.

Noms
- champion
- directeur
- distance
- gardien
- joueur
- silence
- sorcier
- travail

Adjectifs
- affreux
- ancien
- chanceux
- creux
- curieux
- délicieux
- malheureux
- merveilleux
- nombreux
- normal

1. féminin singulier : _____

2. masculin singulier : _____

3. féminin pluriel : _____

4. masculin pluriel : _____

5. féminin pluriel : _____

6. masculin pluriel : _____

7. féminin pluriel : _____

2 **Compose** deux phrases. **Mets** dans chaque phrase un groupe du nom que tu as écrit à l'exercice 1.

_____

_____

_____

_____

4

🐾 Je lis

▶ Lis le texte suivant pour découvrir l'exploit du pilote américain Charles Lindbergh.

Lindbergh traverse l'Atlantique

Le matin du 20 mai 1927, Charles Lindbergh entreprend un voyage entre New York et Paris dans son avion monomoteur baptisé le Spirit of Saint Louis. À cette époque, personne n'avait encore réussi cette traversée de l'Atlantique seul et sans escale.

Escale
Arrêt durant un voyage en avion ou en bateau.

20 mai 1927, le matin

L'envol
Il est 7 heures 54 minutes.

Lindbergh met le cap sur le Connecticut et la Nouvelle-Angleterre. Il est maintenant assez haut, le moteur tourne rond, il a bien résisté aux rudes efforts du décollage.

5 Un coup d'œil aux instruments de bord : le cap est bon, tout va bien sauf le brouillard. Au-dessus de Long Island, il croise un avion d'escorte, tout étonné de voir que la presse suit son aventure. Puis c'est le ciel immense, les nuages et le survol de la mer. [...]

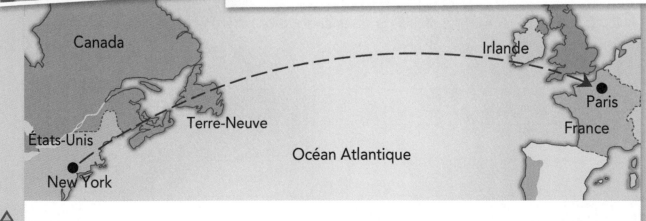

Canada

Irlande

États-Unis

Terre-Neuve

Paris

France

Océan Atlantique

New York

20 mai 1927, le soir

Seul au-dessus de l'océan

10 La nuit va tomber, Lindbergh survole Terre-Neuve. Jusqu'à aujourd'hui, tous les avions se sont posés ici, avant le grand saut au-dessus de l'océan immense et froid. Pour sa part, Charles, qui vole déjà depuis douze heures, veut d'une seule traite rejoindre Paris!

« Pour le moment, songe-t-il, j'ai assez de carburant et je vole avec un bon vent
15 arrière. Seul point noir, ce terrible manque de sommeil. »

L'océan est parsemé d'icebergs. Lindbergh s'oriente d'après les étoiles. Comme il fait plus froid, il enfile gants et casque. Mais voilà que d'énormes nuages, plus grands que des montagnes, l'encerclent de toutes parts. Il doit voler à l'aveugle, en se fiant aux instruments. Dans l'obscurité, le *Spirit* est secoué par de violents
20 remous. [...]

Automate
Robot.

21 mai 1927, le matin

Puis le jour se lève, Charles vole depuis vingt heures. Il pilote tel un **automate**, et l'avion échappe parfois à son contrôle. Dans l'angoisse, il doit rapidement se reprendre en main.

« Je suis sûr d'avoir dormi les yeux ouverts, une fatigue extrême m'accable.
25 J'ai peur de m'évanouir. Mais il faut résister, lutter à chaque seconde, se battre contre le sommeil pour rester en vie... Je passe la tête au-dehors pour respirer. »

C'est le deuxième matin sans sommeil. La brume se dissipe, Charles aperçoit la mer par intervalles, il n'a plus à surveiller les instruments. Le soleil lui brûle les yeux. [...]

21 mai 1927, l'après-midi

Terre en vue!

30 Soudain, Lindbergh voit, sous son aile, quelque chose nager dans l'eau.
Un marsouin, le premier être vivant rencontré depuis Terre-Neuve!
Puis, planant au-dessus des vagues, voici une mouette.

— Tiens, s'exclame-t-il, des **chalutiers**, je ne dois pas
être loin des côtes d'Europe. Ça y est, j'ai franchi l'océan! [...]

Chalutier
Bateau
de pêche.

35 Les côtes de France apparaissent enfin!
Le *Spirit* survole la Normandie. Les habitants
sortent de leurs maisons quand il **rase**
les villages. Lindbergh croque un sandwich,
c'est sa première nourriture depuis son départ.

Raser
Survoler
de près.

40 La nuit tombe. Encore environ une heure
et puis, tout à coup, surgissent les lumières
de Paris... la tour Eiffel! Le *Spirit* décrit
un cercle au-dessus d'elle, et met le cap
au nord-est de Paris, vers l'**aérodrome**
45 du Bourget.

Aérodrome
Terrain aménagé
pour l'atterrissage
et le décollage.

21 mai 1927, le soir

La zone éclairée devant lui est maintenant juste assez large pour qu'il puisse
atterrir. Il commence sa descente mais, devant l'obscurité, hésite: remettre
les gaz pour faire un nouveau tour du terrain? Non, il faut se poser.

« Attention, je ne dois pas me présenter trop bas. Il peut y avoir des poteaux,
50 des cheminées ou des pylônes près du terrain. Et je n'ai encore jamais atterri
de nuit avec cet avion! Il faut se lancer
dans les ténèbres. Enfin le *Spirit* touche le sol.
J'ai gagné!» [...]

10 Réfléchis à ce que tu
viens de lire. Résume
en quelques phrases
l'exploit de Lindbergh.

Lindbergh traverse l'Atlantique, Agnès Vandewiele © Casterman,
2005, p. 17, 18, 20, 24, 25, 27, 28, 29, 30.

🐾 Je fais de la grammaire

Les noms avec un genre et un sens différent

- Un nom peut exister au masculin et au féminin tout en ayant un sens différent.

  Ex. : *voile*, nom masculin → La mariée porte un voile.

  voile, nom féminin → Le vent gonfle la voile.

  manche, nom masculin → Le manche de ce balai est brisé.

  manche, nom féminin → Ton équipe a gagné la première manche.

1 a) **Écris** le nom correspondant à chaque définition. **Place** chaque mot deux fois.

b) **Ajoute** le déterminant, masculin ou féminin, qui convient.

• livre	• mémoire	• poêle	• poste	• tour

1. Mouvement de rotation. _____

   Bâtiment construit en hauteur. _____

2. Ustensile de cuisine servant à faire cuire des aliments. _____

   Appareil de chauffage. _____

3. Capacité du cerveau d'emmagasiner des informations. _____

   Travail de recherche d'un étudiant universitaire. _____

4. Ensemble de feuilles imprimées, assemblées et reliées. _____

   Unité de mesure de poids. _____

5. Appareil de radio ou de télévision. _____

   Service de distribution du courrier. _____

2 **Écris** la définition des mots suivants. Attention au genre de chaque nom !

1. un moule : _____

2. une moule : _____

3. ce mousse : _____

4. cette mousse : _____

🐾 Je fais de la grammaire

Les synonymes

- Des **synonymes**, ce sont des mots qui ont le même sens ou presque, dans un contexte donné.

  Ex. : Les mots *monter* et *grimper* sont synonymes quand ils veulent dire « se diriger vers le haut ».

  Les mots *monter* et *assembler* sont synonymes quand ils veulent dire « faire tenir des objets ensemble ».

- Les synonymes doivent appartenir à la même classe de mots. Par exemple, le **verbe** *sauter* est synonyme du **verbe** *bondir*.

- Les **synonymes** servent à éviter certaines répétitions.

  Ex. : Lindbergh **parcourt** un long trajet. Il **suit** le chemin qu'il avait prévu.

1 **Trouve** dans le texte, entre les lignes 14 et 20, un synonyme pour chacun des mots suivants.

1. essence : _____

3. met : _____

2. épouvantable : _____

4. noirceur : _____

2 **Trouve** dans la liste deux synonymes à chaque mot.

• achever	• conduire	• inquiétude	• préoccupé
• circuit	• crainte	• parcours	• soucieux
• compliqué	• diriger	• pénible	• terminer

1. peur : _____

2. difficile : _____

3. piloter : _____

4. finir : _____

5. trajet : _____

6. inquiet : _____

Rusé, futé, malin, astucieux, habile !

3 a) **Récris** chaque phrase. **Remplace** les adjectifs en gras par un synonyme de la liste. **Utilise** chaque mot une seule fois.

b) **Fais** les accords nécessaires.

- étonné
- important
- risqué
- gigantesque
- préoccupant
- satisfait

1. Lindbergh réussit une traversée **dangereuse**.

_____

2. Il éprouve une **grande** fatigue.

_____

3. D'**énormes** nuages brouillent sa vue.

_____

4. L'engin produit un bruit **inquiétant**.

_____

5. Plusieurs paysans **surpris** observent l'appareil.

_____

6. Le pilote **content** amorce sa descente.

_____

4 **Trouve** deux synonymes de ton choix pour chaque mot.

1. aimer : _____

2. beau : _____

3. faire : _____

4. gentil : _____

F u t é

- Réalise ton propre dictionnaire des synonymes. Choisis quatre noms, quatre adjectifs et quatre verbes que tu utilises souvent. Pour chacun, trouve au moins deux synonymes.

J'orthographie

La lettre c

La lettre c a le son k (« c dur ») devant a, o et u.	**Ex.:** cap, copilote, sécurité.
La lettre c a le son s (« c doux ») devant e, i et y.	**Ex.:** acier, cylindre, hélice.
La **cédille** (ç) fait que le c a le son s (« c doux ») devant a, o et u.	**Ex.:** agaçant, aperçu, glaçon.

a) **Complète** chaque diagramme pour placer tous les mots de la semaine.

b) **Entoure** le mot que tu n'as pas placé.

- avance
- cirque
- coupe
- décider
- lance
- racisme
- capable
- confiance
- couper
- espace
- médecin
- centre
- corde
- cycle
- façon
- minuscule

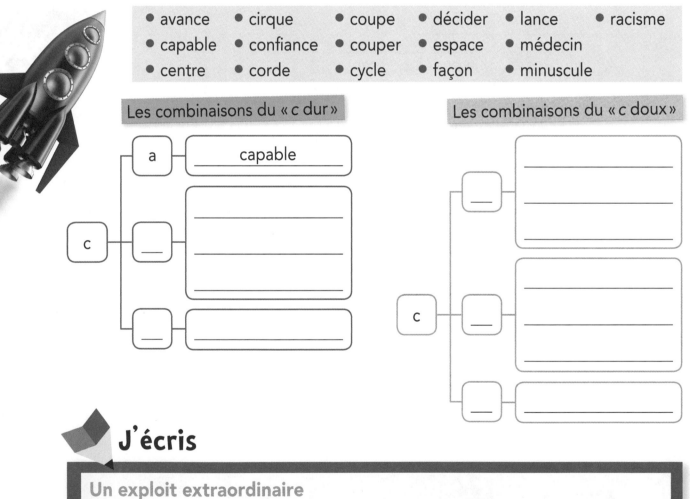

Les combinaisons du « c dur »

c	a — capable
	___
	___

Les combinaisons du « c doux »

c

J'écris

Un exploit extraordinaire

▶ **En quelques phrases, décris un exploit extraordinaire que tu aimerais réaliser.**
- Trouve un titre original à ton texte.
- Vérifie les accords dans les groupes du nom.

1 a) **Écris** les groupes du nom en gras au féminin pluriel.

b) **Vérifie** les accords dans ces groupes du nom.

1. **Ce journaliste sportif** part en voyage.

_____ partent en voyage.

2. Il visite d'abord **un skieur norvégien**.

Elles visitent d'abord _____.

3. Puis, il rencontre **un hockeyeur professionnel**.

Puis, elles rencontrent _____.

4. **Le rédacteur sérieux** écrira ses articles.

_____ écriront leurs articles.

5. Il décrira les exploits de **ces champions mondiaux**.

Elles décriront les exploits de _____.

2 a) **Mets entre crochets** les groupes du nom dans les phrases suivantes.

b) **Vérifie** les accords dans chaque GN. **Corrige**-les au besoin.
Laisse des traces de ta démarche comme dans l'exemple.

f. s.   f. s.   ⌐e

[Mylène Paquette], [une navigatrice québécois], a réalisé

un véritables exploit . Cette rameuse solitaire a traversé

l' Atlantique dans un embarcation sophistiqué . Pendant

son expédition , elle a affronté plusieurs fort tempêtes

et subi des chavirement . Le dangereux périple a duré plus

de quatre mois . Grâce à son courage exceptionnelle ,

cette aventurier déterminé a atteint son but .

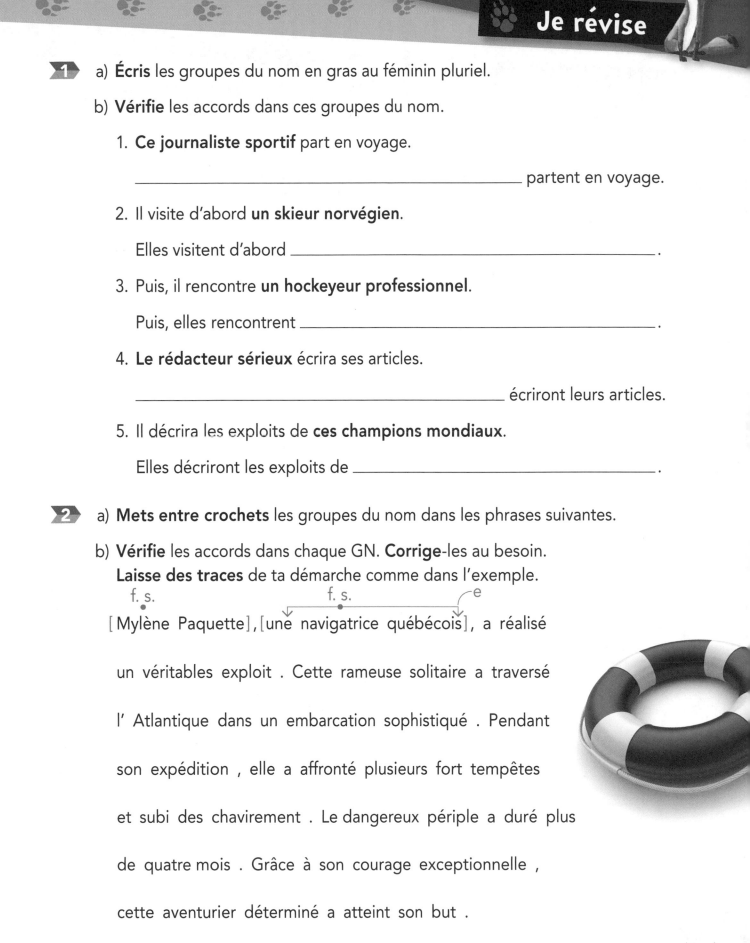

Plus grand que nature   93

Une finale... au sommet !

À toi d'escalader cette montagne. Réponds aux questions de chaque station. Comme tout randonneur, tu peux utiliser tes outils, par exemple le dictionnaire ou les tableaux de conjugaison. Lorsque tu as terminé, amuse-toi à décorer le drapeau du sommet.

1 a) **Conjugue** chaque verbe au présent de l'indicatif. **Entoure** les terminaisons.

   b) **Trouve** ensuite un synonyme du verbe à l'infinitif.

gagner nous _____

syn. : _____

réussir ils _____

syn. : _____

6

franchir elle _____

syn. : _____

5

trouver elles _____

syn. : _____

4

unir nous _____

syn. : _____

3

continuer vous _____

2 syn. : _____

grimper tu _____

syn. : _____

1

Tissé serré

Lis le titre. Observe l'illustration.

- D'après toi, que signifie l'expression *tissé serré* ?

- Pourquoi associe-t-on souvent cette expression au temps des fêtes ?

- Quels groupes sont « tissés serrés » dans ton entourage ?

À l'affût dans le thème

Comment appelle-t-on un groupe de loups qui vivent ensemble ?

Dans ce thème, tu liras deux contes et deux textes informatifs :

- *Touli et les cocottes d'argent* de Lucie Papineau ;

- *La Légende du Bonhomme l'Année* d'Anne Dorville ;

- *Le sing-sing des Hautes Terres* d'Élisabeth Dumont-Le Cornec ;

- *Les loups* de Bobbie Kalman et Amanda Bishop.

Tu te familiariseras avec deux stratégies de lecture. Tu écriras un court texte dans lequel tu présenteras des actions dans l'ordre chronologique. Tu écriras un texte plus long pour raconter deux péripéties.

Je lis

▶ Lis le texte. Tu découvriras qui sauve la fête de Noël au village des farfadets.

Stratégie 7

Je repère les mots de substitution.

Touli et les cocottes d'argent

7

Observe le mot souligné. Entoure le mot qu'il remplace.

Touli est un minuscule <u>farfadet</u>, comme tous les habitants de son village. Il est aussi curieux. En ce premier jour de décembre, il a d'ailleurs décidé d'espionner le Grand Farfadet.

Farfadet
Petit lutin espiègle et vif.

5 — Mais c'est épouvantable ! s'exclame le Grand Farfadet. Les cocottes d'argent ont disparu…

Touli retient un cri de surprise. Sans faire de bruit, le petit farfadet se met à courir à perdre haleine. Lorsqu'il arrive près du bosquet de framboisiers, il siffle entre ses dents. Son amie Sylvia la souris apparaît aussitôt.

10 — C'est terrible ! lui explique Touli. Si on ne peut pas décorer le sapin avec les cocottes d'argent, il n'y aura pas de fête de Noël cette année.

Sylvia est sans voix. En effet, au pays des farfadets, point de cocottes d'argent, point de fête de Noël.

— Mais j'ai une idée, dit Touli. Allons voir le vieux dragon qui est magicien.

15 — Le dragon ! gémit la souris. Mais, c'est beaucoup trop dangereux…

Touli se met en route. Malgré sa peur, sa fidèle amie suit le petit farfadet dans le sentier qui mène à la caverne du dragon.

Touli et Sylvia osent à peine respirer lorsqu'ils pénètrent dans la grotte de la bête. Tout à coup, 20 un grondement sourd se fait entendre.

— N'aie pas peur, Sylvia, chuchote son ami. Le dragon est enchaîné, il ne pourra pas nous faire de mal.

25 Touli lève les yeux vers le monstre.

— Nous sommes venus vous consulter, ô dragon magique! Nos cocottes d'argent ont disparu, et sans elles, Noël est perdu.

Le vieux dragon explique aux deux amis qu'ils devront réussir trois épreuves s'ils veulent obtenir
30 la solution à leur problème. La première épreuve paraît simple : il faut réussir à le faire rire.

— Raconte-lui une de tes blagues, suggère Sylvia.

35 — Deux canards sont au bord de l'étang. L'un dit à l'autre : «Coin, coin!» L'autre lui répond : «C'est fou, c'est exactement ce que je voulais
40 te dire!»

Le dragon ne rit pas du tout. Sauf que Sylvia a profité de ce moment d'inattention pour se faufiler en douce aux pieds de la bête. Et guili guili, elle chatouille les doigts de pied du monstre avec ses petites pattes.

45 Le dragon se met à rire aux éclats.

— Bon, bon, vous avez réussi cette épreuve-là, avoue-t-il entre deux hoquets de rire. Essayez donc de me faire pleurer, maintenant…

Facile, se dit Touli. Il sort son pipeau de sous son chapeau. Puis, il se met à jouer son morceau le plus triste et le plus beau.
50 Mais le dragon reste de marbre.

> **Rester de marbre**
> Ne montrer aucune réaction, être insensible.

La souris a une idée. Elle se met à chanter :

— Même les vieux dragons ont déjà eu une maman qui leur donnait un bisou quand ils avaient un gros bobo…

Et «bouhouhou», le dragon se met à noyer le fond de la caverne
55 d'un torrent de larmes.

Une fois calmé, il est prêt pour la dernière épreuve.

— Passons aux choses sérieuses, maintenant, dit-il avant d'attraper la petite souris par la peau du cou. Misérable farfadet, tu dois trouver un moyen de sauver ton amie avant que je la transforme en barbecue.

60 — NOOOOOOON! s'écrie Touli. Prenez-moi à sa place. Ne faites pas de mal à mon amie...

Le dragon repose Sylvia par terre.

— Bravo! Tu as réussi cette épreuve. Je voulais savoir si tu étais un bon ami. Et tu es le meilleur des amis. Tu étais prêt à risquer ta vie pour sauver celle de Sylvia.

65 Le dragon avoue aux deux amis que c'est... lui qui avait volé les cocottes d'argent. Comment? Grâce aux quelques pouvoirs magiques qui lui restent. Le vieux dragon n'avait pas envie que les habitants de la forêt fêtent encore une fois Noël sans lui.

C'est alors que Touli et Sylvia comprennent. Le dragon est toujours seul 70 dans sa caverne et il s'ennuie. La souris et le farfadet lui promettent de venir le visiter dès qu'ils en auront l'occasion. Et comme la fête de Noël est sauvée, ils pourront lui faire une belle surprise ce soir-là.

Lucie Papineau

7 Observe le mot souligné. Entoure les mots qu'il remplace.

L'élément déclencheur et les péripéties

L'élément déclencheur et les péripéties (actions)	Exemples
1. Dans un récit, on présente un problème ou une difficulté. C'est l'élément déclencheur. Il déclenche les actions des personnages.	**Problème :** Les farfadets n'ont rien pour décorer le sapin.
2. Les péripéties, ce sont les actions que font les personnages pour régler le problème ou pour surmonter la difficulté.	**1re action :** Touli et Sylvia veulent retrouver les cocottes d'argent. **2e action :** Ils font rire le dragon. **3e action :** Ils le font pleurer. **4e action :** Touli est prêt à sacrifier sa vie pour son amie.

1 Quel est l'élément déclencheur dans l'histoire *Touli et les cocottes d'argent*? **Entoure** la bonne réponse.

1. Touli a perdu son amie, la souris Sylvia.

2. Touli doit se battre avec un dragon.

3. Les cocottes d'argent ont disparu.

4. Le dragon se sent seul dans sa caverne.

2 **Place** les péripéties dans l'ordre chronologique. **Inscris** les numéros de 1 à 4.

Touli raconte une blague au dragon.

Touli et Sylvia entrent dans la caverne du vieux dragon.

Le dragon attrape Sylvia par la peau du cou.

Le dragon met au défi Touli et Sylvia de le faire pleurer.

3 **Explique** pourquoi les cocottes d'argent sont si importantes pour le village des farfadets.

_____

_____

4 **Associe** les mots ou les groupes de mots qui vont ensemble.

souris ○   ● petit lutin

dragon ○   ● Sylvia et Touli

les deux amis ●   ○ meilleure amie

Touli ○   ● magicien

5 Si tu étais à la place de Touli et de Sylvia, que ferais-tu pour consoler le dragon qui est toujours seul dans sa caverne?

_____

_____

🐾 Je fais de la grammaire

Quelques caractéristiques du verbe conjugué

- Le **verbe** est la seule classe de mots qui se conjugue. Le verbe conjugué change selon la **personne** (1re, 2e ou 3e personne), le **nombre** (singulier ou pluriel) et le **temps** de conjugaison (présent, imparfait, futur simple, etc.).

- Trois **manipulations** permettent de reconnaître le **verbe conjugué**.

Manipulations	Exemples
1. On peut **ajouter** les mots *ne* et *pas* (ou *n'* et *pas*) pour encadrer le **verbe**.	n' illuminent pas Les lumières **illuminent** le sapin.
2. On peut **ajouter** des **pronoms de conjugaison** (*je, tu, il, elle, on, nous, vous, ils* ou *elles*) devant le **verbe**.	Nous illuminons J' illumine Les lumières **illuminent** le sapin.
3. On peut **remplacer** un **verbe** par le **même verbe** conjugué à **un autre temps**.	illumineront [futur simple] illuminaient [imparfait] Les lumières **illuminent** le sapin.

1 a) **Souligne** chaque verbe conjugué.

b) **Encadre** chaque verbe par *ne* et *pas* (ou *n'* et *pas*).

_____

1. Le bûcheron avance dans la forêt.

_____

2. Il souhaite couper un gros sapin.

_____

3. Ses enfants désirent décorer un beau sapin pour Noël.

_____

4. L'homme trouve un arbre magnifique.

2 Dans le texte *Touli et les cocottes d'argent*, entre les lignes 41 et 44, **souligne** les verbes conjugués. **Encadre** chaque verbe par *ne* et *pas* (ou *n'* et *pas*).

3 a) **Souligne** chaque verbe conjugué.

b) **Ajoute** un pronom de conjugaison devant chacun.

_____

1. Le Grand Farfadet vend quelques pommes de pin d'argent.

_____

2. Des bijoutiers achètent ces pommes de pin pour faire des colliers précieux.

_____

3. Certains marchands prennent des pommes de pin pour embellir leurs habits.

_____

4. Heureusement, le farfadet garde plusieurs fruits précieux pour lui.

_____

5. Ces enfants enfilent les fruits sur un ruban de soie. Cette guirlande

_____

devient la plus merveilleuse décoration de son sapin.

4 a) **Souligne** chaque verbe conjugué.

b) **Récris** chacun de ces verbes au présent de l'indicatif.

_____

Le roi des farfadets habitait sur la montagne depuis des centaines d'années.

_____

Il prenait soin des arbres, des animaux, des cours d'eau… Bref, chaque

_____

parcelle de paysage était importante pour lui. Il aidait tous les êtres vivants

_____

qui habitaient sur son territoire. Sa petitesse ne l'empêchait pas de faire

_____

preuve d'autorité quand des gens peu respectueux arrivaient chez lui.

Tissé serré

5 a) **Souligne** les verbes conjugués dans le texte suivant.

b) **Montre** chaque fois qu'il s'agit d'un verbe. **Utilise** la manipulation de ton choix.

_____

La tradition de l'arbre de Noël vient d'une région de la France appelée

_____

l'Alsace. Elle date de 1521. Là-bas, on décore les sapins avec des roses,

_____

des pommes, des bonbons et de petits gâteaux. On trouve aussi, dans

_____

ce coin de pays, des marchés de Noël. Ces marchés illuminent les villages

_____

de milliers de lumières. On sert également des mets gastronomiques.

🌸 J'orthographie

Écris les mots de la semaine au bon endroit.

• accident	• bicyclette	• échapper	• nette	• rapporter
• apparaître	• bottine	• grotte	• occasion	• soccer
• attacher	• cachette	• lunette	• quitter	• toilette

1. b __ **tt** __ __ __

2. n __ **tt** __

3. l __ __ __ **tt** __

4. q __ __ **tt** __ __

5. __ **tta** __ __ __ __

6. __ __ __ **ett** __

7. __ r __ **tt** __

8. __ __ __ __ __ **tte**

9. __ __ __ __ __ **ett** __

10. __ __ **pp**o __ __ __

11. __ __ __ __ **pp** __ r

12. __ **pp** __ r __ __ __ __

13. a**cc** __ __ __ __ __

14. s __ **cc** __ __

15. __ **cc** __ __ i __ __

🐾 Je conjugue

- Le verbe au **futur proche** se compose de deux éléments :
  le verbe *aller* au présent de l'indicatif + **autre verbe** à l'infinitif.
  Ex. : Je **vais préparer.**   Il **va offrir.**   Nous **allons fêter.**

  Remarque Pour trouver l'**infinitif** d'un **verbe conjugué**, on met ce verbe au **futur proche**.
  Ex. : Le rongeur **dort.**   Le rongeur **va dormir.**

1 **Conjugue** les verbes au futur proche.

1. décorer :   je _____

2. allumer :   tu _____

3. illuminer :   il _____

4. ouvrir :   nous _____

5. finir :   vous _____

6. entendre :   elles _____

F u t é

- Prépare une carte
  de Noël. Compose des
  souhaits qui contiennent
  trois verbes au futur
  proche.

2 **Souligne** les verbes au futur proche dans le texte suivant.

Demain, Samuel va décorer le sapin de Noël avec sa mère.

Ensemble, ils poursuivront la tradition familiale. Ils vont cuisiner des

biscuits, puis ils vont fabriquer quelques décorations en pâte de sel.

Ensuite, ils placeront de belles boules scintillantes sur les branches du

sapin. À la fin de la journée, Samuel va appeler sa grand-mère pour l'inviter

à venir admirer leur œuvre. Fidèle à son habitude, elle va prendre plusieurs

photos de l'arbre. Samuel a bien hâte à cette journée spéciale qu'il attend

impatiemment chaque année.

🐾 Je lis

Stratégie 4
Je dégage l'information importante dans les phrases longues ou difficiles.

▶ Lis le texte suivant. Tu découvriras un personnage qui peut aider le père Noël dans sa grande mission.

La Légende du Bonhomme l'Année

Le père Janvier était un vieux bonhomme jovial. Il portait toujours des guêtres et quatre bonnets sur la tête! Chaque année, pour célébrer le premier jour de janvier, il se promenait d'une maison à l'autre afin d'offrir des cadeaux aux enfants. Ces derniers l'appelaient «Bonhomme l'Année». Le 31 décembre de cette année-là, alors qu'il se préparait à aller distribuer les cadeaux, on sonna à sa porte. C'était son vieil ami, le père Noël.

Guêtres
Pièces de tissu qui servent à couvrir le bas des jambes.

— Père Noël! Mon vieux copain!

— Janvier! Ah, Janvier, ce que ça me fait plaisir de te revoir, mon bonhomme!

Et ils tombèrent dans les bras l'un de l'autre. Il faut dire que ces deux-là étaient amis depuis leur plus tendre enfance.

5 C'est ensemble qu'ils avaient eu l'idée d'aller dans les maisons donner des cadeaux aux enfants sages, en passant par-dessus les toits.

— Quelle surprise! répétait Bonhomme l'Année.

— J'avais envie de savoir ce que tu devenais et puis… j'ai un service à te demander.

10 [...]

— La semaine dernière, le soir de Noël, un enfant prénommé Gaël n'a pas eu son cadeau. Il était trop malade pour l'ouvrir, alors sa petite sœur s'est amusée avec lui et elle l'a cassé par maladresse.

4
Observe les blocs d'information. Énumère les trois idées, puis entoure l'idée principale de la phrase.

15 — Et tu voudrais que je retourne chez lui, c'est ça?

— Oui, si tu es d'accord.

[...]

— Entendu, Père Noël ! Je ne veux qu'une seule chose, moi :
que tous les enfants soient contents.

20 Le père Noël expliqua alors où habitait le petit Gaël,
comment y aller, et donna tous les détails
à Bonhomme l'Année. [...]

Une fois le père Noël parti, Bonhomme l'Année
boucla son sac, ajusta ses guêtres et ses quatre
25 bérets, consulta sa liste, vérifia son itinéraire
et se mit en route. [...]

[...] C'est déguisé en chien errant qu'il
s'introduisit dans le jardin. Il ne lui venait
même pas à l'idée qu'un chien avec quatre
30 bérets et des guêtres pût étonner les gens.
Et, chose bizarre, personne ne fut surpris.
Bonhomme l'Année vit les morceaux cassés
du cadeau laissé par le père Noël : c'était
un petit bateau. Discrètement, il s'approcha
35 du jouet, et celui-ci fut réparé instantanément !

Fier de la tâche accomplie,
le vieil homme allait repartir comme il était venu
quand Gaël entra dans la pièce et s'écria :

Observe les blocs d'information.
Énumère les trois idées qu'on
trouve dans cette phrase.

4

— Marine ! Marine, viens voir, nous avons un chien !

40 La petite sœur arriva en courant et les deux enfants entourèrent
et caressèrent Bonhomme l'Année, qui n'osait plus rien faire.
C'était la première fois qu'il se faisait remarquer.

Il hésita à disparaître d'un coup mais Gaël dit :

— Oh, Marine, c'est notre plus beau cadeau, pas vrai ?

45 — Tu verras, tu seras bien avec nous, mon bonhomme, dit la petite
en caressant le chien.

C'était drôle, elle l'avait appelé par son nom sans même le savoir.
Ému par leur joie, Bonhomme l'Année n'osa pas les décevoir :
il resta longtemps avec eux. Il fut pour eux un compagnon farceur,
50 malicieux, joueur… et un peu gourmand aussi !

Puis Gaël et Marine grandirent, et Bonhomme l'Année revint chez lui avec la sensation d'avoir bien rempli la mission que lui avait confiée le père Noël.

Mais le plus extraordinaire, c'est que Bonhomme l'Année réussit, tous les ans, au premier janvier, à être aussi partout ailleurs pour distribuer ses cadeaux !

Noël, Le livre des Contes, des poésies et des Chansons/Milan Jeunesse
/Anne Dorville/2005 © Éditions Milan

L'organisation des idées dans un texte

- Il est possible d'organiser les idées de façon **chronologique**. On présente les événements dans l'ordre où ils se sont produits, du plus ancien au plus récent.
  Ex.: Justine trouve un cadeau sous le sapin.
  Elle le développe et découvre un beau camion de pompier.
  Elle se rend compte alors que le cadeau était destiné à son frère.

- On peut aussi organiser les idées de façon **non chronologique** dans un texte. Les événements sont alors présentés sans respecter l'ordre dans lequel ils se sont produits.
  Ex.: Justine tient un beau camion de pompier dans ses mains.
  Elle vient de se rendre compte que ce cadeau était destiné à son frère.
  Elle l'a développé il y a quelques minutes, après l'avoir secoué un peu.

Place les péripéties dans l'ordre chronologique. **Inscris** les numéros de 1 à 5.

 On sonne à la porte de Bonhomme l'Année.

 Bonhomme l'Année revient chez lui.

 Gaël et Marine caressent Bonhomme l'Année.

 Bonhomme l'Année se déguise en chien et entre dans le jardin de Gaël.

 Père Noël explique à Bonhomme l'Année où habite le petit Gaël.

2 **Indique** si chaque énoncé est vrai ou faux.

VRAI ou FAUX

1. Père Noël va sonner chez Bonhomme l'Année **après** le jour de Noël.

2. Bonhomme l'Année se déguise en chien **avant** de réparer le bateau.

3. Gaël appelle sa sœur **avant** que son jouet soit réparé.

3 **Indique** si l'action a été posée par le Père Noël (PN) ou par le Bonhomme l'Année (BA).

1. Il va demander un service à son ami. _____

2. Il revêt ses quatre bonnets et ses guêtres. _____

3. Il répare le jouet de Gaël. _____

4. Il explique où habite Gaël. _____

4 **Donne** un exemple qui montre que Bonhomme l'Année détient des pouvoirs magiques.

_____

_____

5 Comment aurais-tu réagi si, comme Gaël et Marine, tu avais découvert un petit chien chez toi?

_____

_____

Je fais de la grammaire

Distinguer le verbe conjugué du verbe à l'infinitif présent

- Dans une phrase, il peut y avoir des **verbes conjugués** et des **verbes à l'infinitif**.

  Ex.: Le père Noël **demande** à Bonhomme l'Année de l'**aider**.

- Deux différences permettent de distinguer le **verbe conjugué** du **verbe à l'infinitif**.

Première différence	
Les mots *ne* et *pas* (ou *n'* et *pas*) peuvent *encadrer* le **verbe conjugué**. *ne* reçoit *pas* **Ex.:** Rose **reçoit** un cadeau.	Les mots *ne pas* peuvent *précéder* le **verbe à l'infinitif**. *ne pas* fêter **Ex.:** Rose aime **fêter**.
Deuxième différence	
La terminaison du **verbe conjugué** peut changer. **Ex.:** Rose **développe** un cadeau. Vous **développez** un cadeau. Ils **développent** un cadeau.	La terminaison du **verbe à l'infinitif** ne change pas. **Ex.:** On peut le **cacher**. On peut les **cacher**. Une boîte à **envelopper**. Des boîtes à **envelopper**.

1

a) **Souligne** les verbes conjugués. **Ajoute** les mots *ne* et *pas* (ou *n'* et *pas*) au-dessus de ces verbes.

b) **Écris** *ne pas* devant les verbes à l'infinitif.

La légende veut que le père Noël distribue des cadeaux à tous

les enfants de la Terre en une seule nuit. Bien sûr, les lutins peuvent

l'aider habituellement. Parfois, il demande un petit

coup de pouce à Bonhomme l'Année. Il se fait alors un plaisir

de lui rendre service.

2 a) **Observe** les verbes en gras.

b) **Souligne** les verbes conjugués. **Écris** *VC* au-dessus.

c) **Entoure** les verbes à l'infinitif. **Écris** *VI* au-dessus.

Recevoir un chien à Noël **est** un rêve pour plusieurs enfants.

Beaucoup **aimeraient** tant **voir courir** un joli chiot dans la maison

à leur réveil, le matin de Noël! Ils **rêvent** de le **cajoler**, de **jouer** avec lui

et de l'**amener dormir** avec eux. Pourtant, certains **oublient** qu'il **faut**

aussi en **prendre** soin. Il **faut nourrir**, **faire vacciner** et **laver** n'importe

quel animal. Lorsqu'on **reçoit** un animal en cadeau, on se **fait offrir**

en même temps une grande responsabilité. Ne l'**oublions** pas!

Malgré tous ces efforts, **avoir** un animal **procure**

un bonheur immense.

3 Entre les lignes 7 et 9 du texte
La Légende du Bonhomme l'Année:

a) **souligne** les verbes à l'infinitif;

b) **entoure** les verbes conjugués.

• Compose un paragraphe qui contient au moins trois verbes conjugués
et trois verbes à l'infinitif. Ton texte doit décrire la visite du Bonhomme
l'Année chez un petit enfant. Commence ton paragraphe par :
Avant d'entrer dans la maison, le Bonhomme l'Année se déguise en…

J'orthographie

a) **Classe** les mots de la semaine en deux groupes. Chaque groupe doit contenir des mots qui ont une ressemblance.

b) **Écris** sur l'étiquette la ressemblance entre les mots de chaque groupe.

- arracher
- arrière
- arrivée
- bizarre

- derrière
- différent
- difficile
- difficulté

- effet
- effroyable
- horreur
- marraine

- parrain
- serrer
- souffle
- terrible

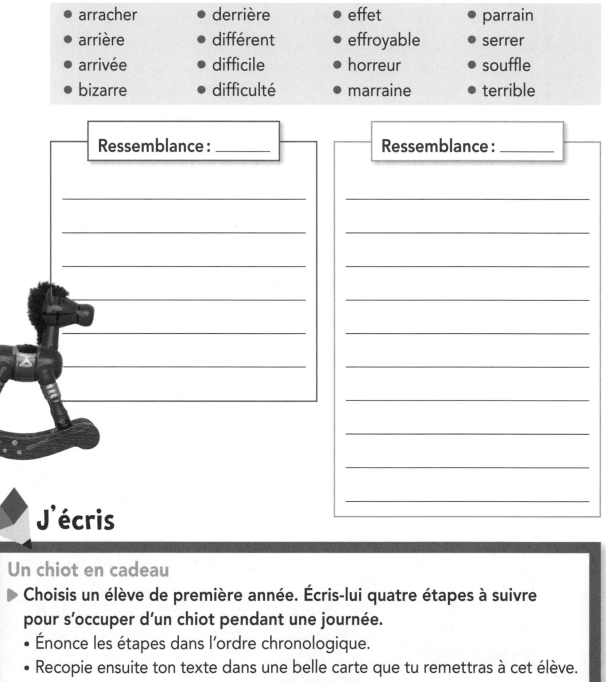

Ressemblance : _____

Ressemblance : _____

J'écris

Un chiot en cadeau

▶ **Choisis un élève de première année. Écris-lui quatre étapes à suivre pour s'occuper d'un chiot pendant une journée.**

- Énonce les étapes dans l'ordre chronologique.
- Recopie ensuite ton texte dans une belle carte que tu remettras à cet élève.
- Inspire-toi du modèle suivant : Tout d'abord, tu…

  Ensuite, tu…

  Troisièmement, tu…

  À la toute fin, tu…

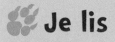 **Je lis**

▶ Lis le texte. Tu découvriras une fête qui rassemble différents peuples de la Papouasie.

Le *sing-sing* des Hautes Terres

Faire la fête, c'est d'abord se rassembler. D'une façon spontanée ou, le plus souvent, de manière organisée. La fête est un merveilleux outil de communication entre les hommes parce qu'elle offre un large choix dans le mode d'expression. La danse, la parure,
5 le maquillage, la musique, le chant, les cris, les applaudissements, par exemple, aident à se comprendre même sans parler la même langue. [...]

Parure
Ensemble des accessoires portés par une personne.

Les nombreux peuples de Papouasie-Nouvelle-Guinée, qui parlent 700 langues et dialectes différents, se rencontrent
10 régulièrement au cours des *sing-sing*. Ces assemblées de toutes les tribus des Hautes Terres permettent d'entretenir des liens grâce au langage universel de la parure et de la danse.

Dialecte
Façon de parler une langue propre à une région.

4 Observe les blocs d'information qui sont soulignés. À quoi servent ces couleurs?

Les *sing-sing* sont aussi des compétitions de prestige où chaque tribu fait étalage de sa puissance. Les hommes
15 et les femmes choisissent donc avec soin la couleur de leur maquillage et les éléments de leurs parures. [...] Ainsi, le jaune et le rouge expriment la séduction, la force, la virilité tandis que le noir évoque la guerre et le blanc, la mort.
20 Chaque tribu défile ensuite sur une chorégraphie soigneusement répétée [...].

◀ En souvenir d'une légende selon laquelle ils auraient fait fuir leurs ennemis en sortant du lit d'une rivière couverts de boue, les «hommes de boue» de la vallée de l'Asaro, en Papouasie-Nouvelle-Guinée, se couvrent le corps et le visage d'argile blanche pour intimider les autres tribus.

Les fêtes d'ailleurs racontées aux enfants d'ici, Élisabeth Dumont-Le Cornec © 2006, De La Martinière Jeunesse, une marque de La Martinière Groupe, Paris.

1 Pourquoi les peuples de Papouasie-Nouvelle-Guinée ont-ils besoin de s'exprimer autrement que par la parole?

_____

_____

2 **Écris** trois façons de s'exprimer mentionnées dans le texte qui permettent de se comprendre sans nécessairement parler la même langue.

_____

_____

3 Selon le texte, est-il possible de faire la fête lorsqu'on est seul? **Explique** ta réponse.

_____

_____

4 **Trouve**, dans le texte, un synonyme aux mots suivants. **Utilise** un dictionnaire au besoin.

1. se réunir: _____

2. improvisée: _____

3. réunions: _____

4. force: _____

5. clan: _____

5 Quand tu participes à une fête, que fais-tu pour t'amuser sans nécessairement utiliser la parole?

_____

_____

6 Si tu participais à la fête du _sing-sing_, quelle couleur de parure choisirais-tu? Pourquoi?

_____

_____

🐾 Je fais de la grammaire

Le sujet

- Dans une phrase, la fonction de sujet est presque toujours remplie par un **pronom de conjugaison** (*je, tu, il, elle, on, nous, vous, ils* ou *elles*) ou par un **groupe du nom**.

  pron.-S
  Ex.: **Nous** participons à la fête.

  (L'abréviation *pron.-S* signifie «pronom qui remplit la fonction de sujet».)

  GN-S
  La danse est un mode d'expression.

  (L'abréviation *GN-S* signifie «groupe du nom qui remplit la fonction de sujet».)

- Deux **manipulations** servent à reconnaître le sujet.

Manipulations	Exemples
1. On peut **ajouter** les mots *C'est* et *qui* (ou *Ce sont* et *qui*) pour encadrer le sujet.	C'est **La fête** qui commencera bientôt. Ce sont **Les participants** qui arrivent.
2. On peut **remplacer** le GN-S par *il, elle, ils* ou *elles*.	Elle **La fête** commencera bientôt. Ils **Les participants** arrivent.

- Les pronoms *je, tu, il, on* et *ils* remplissent **toujours** la fonction de sujet. On ne les encadre donc pas par *C'est* et *qui* pour le vérifier.

  Remarque Certaines phrases n'ont pas de sujet.

  Ex.: Arrête de rigoler!   Mange tes légumes.

---

1 **Entoure** les pronoms qui remplissent toujours la fonction de sujet.

• il	• je	• elles
• nous	• se	• cela
• te	• on	• tu
• elle	• me	• ils

2 **Prouve** que les mots en gras sont des groupes du nom-sujets.
Encadre chaque GN-S par *c'est* et *qui* ou par *ce sont* et *qui*.

> **Les êtres humains** ont toujours eu envie de célébrer. **Les gens** aiment
>
> s'amuser avec leur famille ou leurs amis. **Des carnavals** sont organisés
>
> partout dans le monde. Parfois, **le froid de l'hiver** donne envie de
>
> se rassembler. Peu importe la raison qui pousse les gens à fêter,
>
> **les carnavaliers** ont toujours beaucoup de plaisir à chanter et à danser.

3 **Prouve** que les mots en gras sont des groupes du nom-sujets.
Remplace chaque GN-S par *il, elle, ils* ou *elles*.

1. **Les habitants de la Chine** célèbrent le Nouvel An chinois dans la joie.

2. **Plusieurs personnes** portent des costumes de dragons.

3. **Les costumes de lions** sont aussi très populaires.

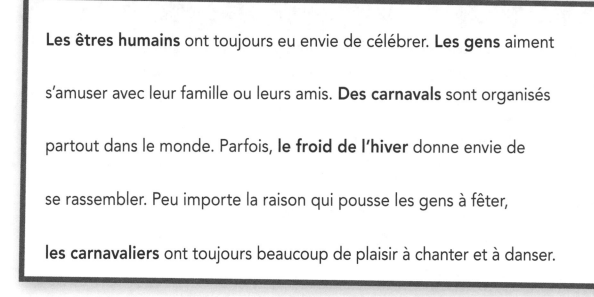

4. Selon des légendes, **ces animaux** attirent le bonheur et la prospérité.

5. **Le jour de la fête du Nouvel An** est marqué par la musique et la danse.

6. **La peur** est aussi au rendez-vous.

7. En effet, **les résidents de ce pays** utilisent des pétards et des feux d'artifice
   pour éloigner les mauvais esprits.

4 Dans le texte *Le sing-sing des Hautes Terres*, entre les lignes 13 et 16,
souligne les sujets. **Utilise** la manipulation de ton choix.

5 a) **Mets entre crochets** les GN qui remplissent la fonction de sujet.

b) **Prouve** qu'il s'agit bien d'un sujet. **Utilise** la manipulation de ton choix.

La petite Kusuma habite en Indonésie . Les habitants de ce pays célèbrent chaque année la création du monde . Ces derniers participent à une grande danse des guerriers . Les participants aiment se retrouver pour se rappeler leurs origines et leur histoire . Kusuma se rend chaque fois au large de Sumatra pour y assister . La danse raconte la victoire du bien sur le mal . Tous les danseurs portent des costumes de soldats comprenant un casque, une armure et un bouclier . Kusuma est toujours impressionnée par cette grande fête .

Futé

• Apporte en classe un article de journal qui t'intéresse.
Entoure quatre sujets. Encadre-les par *c'est* et *qui* ou *ce sont* et *qui*.

J'orthographie

Classe les mots de la semaine.

• annoncer	• connaître	• imagination	• revoir
• apercevoir	• direction	• opération	• s'ennuyer
• asseoir	• émotion	• pardonner	• situation
• besoin	• espoir	• pointe	• solution

Verbes : _____

_____

Noms masculins : _____

Noms féminins : _____

_____

Je conjugue

Les verbes en *-er* à l'imparfait de l'indicatif

- Tous les verbes en *-er* ont la même **terminaison** à l'imparfait.

	Aimer	**Chanter**	**Danser**
1re p. s.	j' aimais	je chantais	je dansais
2e p. s.	tu aimais	tu chantais	tu dansais
3e p. s.	il/elle/on aimait	il/elle/on chantait	il/elle/on dansait
1re p. pl.	nous aimions	nous chantions	nous dansions
2e p. pl.	vous aimiez	vous chantiez	vous dansiez
3e p. pl.	ils/elles aimaient	ils/elles chantaient	ils/elles dansaient

➤ **Conjugue** à l'imparfait de l'indicatif les verbes entre parenthèses.

Lorsque mon ami Shawn était petit,

il (adorer) _____ assister à l'une des plus

grandes fêtes aux États-Unis : le rodéo ! Ces célébrations (se succéder)

se _____ de juillet à septembre. Il (trouver) _____

les cow-boys bien courageux de se mesurer ainsi aux chevaux, aux taureaux

et aux bisons sauvages. Ces animaux (sauter) _____ sans

arrêt lorsque les cow-boys les (chevaucher) _____.

Afin de se qualifier pour le prochain tour, les hommes devaient rester huit

secondes sur le dos de l'animal. Ce numéro (relever) _____ de

l'exploit ! Shawn (aimer) _____ l'ambiance festive des rodéos.

Les spectateurs (crier) _____, (chanter) _____

et (s'amuser) s' _____ ferme !

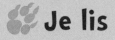

Je lis

Lis le texte. Tu découvriras pourquoi on peut dire que les loups sont des animaux «tissés serrés».

Stratégie 7
Je repère les mots de substitution.

LES LOUPS

Les loups vivent en groupes appelés «hardes» ou «meutes». Les hardes sont formées de loups faisant partie de la même famille, habituellement les parents et leur progéniture. La plupart des hardes comptent six ou sept membres, mais certaines ont plus de vingt membres. Les loups d'une harde vivent

5 ensemble et travaillent en équipe pour chasser les animaux.

Le chef de la harde

Une harde de loups est dirigée par un <u>couple de loups</u> : le mâle alpha et sa compagne, la femelle alpha. Le mot *alpha* est la première lettre de l'alphabet grec et signifie «premier». Habituellement, les loups alpha sont

10 les seuls membres de la harde à se reproduire. Comme les loups plus jeunes sont moins influents, <u>ils</u> se placent sous la direction des loups alpha.

7
Observe les mots soulignés. Entoure les mots qu'ils remplacent.

Se joindre à la harde

Lorsque les louveteaux ont environ un mois, ils sont prêts à quitter leur tanière. Ils avancent lentement vers

15 la sortie, où leur mère et les membres de la harde les attendent. Quand les louveteaux sortent enfin de la tanière, les autres loups les reniflent. Les membres de la harde sentent le corps

20 des louveteaux pour les accueillir et reconnaître leur odeur.

▲ Une harde de loups

Le territoire de la harde

Une harde de loups vit dans un <u>territoire</u>, c'est-à-dire une étendue de terre que

25 la harde défend. Le territoire doit être pourvu de beaucoup de sources d'eau douce et abriter suffisamment de proies pour nourrir toute la harde.

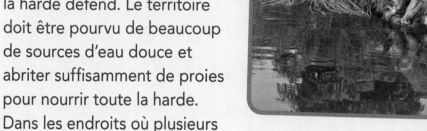

▲ Le territoire d'une harde de loups

30 Dans les endroits où plusieurs hardes vivent à proximité les unes des autres, les territoires sont plus petits. Là où les hardes sont dispersées, les territoires peuvent être immenses. Les loups marquent les limites de leur territoire en laissant des odeurs. Ils longent

35 la lisière de leur territoire et urinent sur des objets servant de points de repère, tels que des souches d'arbre. Les loups marquent ces points de repère à répétition. Ainsi, les autres loups comprennent qu'il vaut mieux s'éloigner! Les loups ont l'odorat très développé. Ils utilisent leur odorat pour identifier le territoire des autres hardes et pour repérer les loups

40 inconnus dans leur territoire.

▲ Un loup adulte veille sur les louveteaux.

Un effort de groupe

À partir de ce moment, toute la harde s'occupe des louveteaux. Les loups les plus âgés surveillent les <u>prédateurs</u>, comme les faucons et les aigles qui pourraient

45 essayer d'attraper les louveteaux. Lorsque la meute part à la chasse, un loup adulte reste pour veiller sur les louveteaux. Il les protège et en prend soin.

Extrait de Bobbie Kalman et Amanda Bishop, *Les loups* © Bayard Canada Livres Inc., 2005, coll. «Petit monde vivant».

Je fais de la grammaire

Quelques homophones

- Certains mots se prononcent de la même façon mais ils s'écrivent différemment. On dit que ce sont des **homophones**.

ou / où	Comment le reconnaître ?	Exemples
ou	• On peut remplacer *ou* par *ou bien*.	~~ou bien~~ Est-ce un loup **ou** un chien ?
où	• Il indique un lieu ou un moment. • On ne peut pas le remplacer par *ou bien*.	~~ou bien~~ Là **où** je me trouve, ça sent bon.

1 **Écris** *ou* ou *où* dans le texte suivant.

Près de mon chalet, là _____ je vais passer mes vacances d'hiver, une harde

de loups a élu domicile. Mes parents m'ont prévenue : je ne dois jamais

me promener seule avec mon petit frère _____ avec mes amis dans la forêt.

Un parent _____ un voisin adulte doit nous accompagner. Je ne voudrais pas

croiser des loups, même s'ils m'ont toujours paru sympathiques sur les pages

d'un livre, là _____ je les vois le plus souvent.

a / à	Comment le reconnaître ?	Exemples
a	• C'est le verbe *avoir* (3e p. s.), au présent de l'indicatif. • On peut remplacer *a* par *avait*.	avait Ce loup **a** des crocs pointus.
à	• On ne peut pas remplacer *à* par *avait*.	~~avait~~ Le loup se rend **à** la rivière.

2 ▸ **Écris** *a* ou *à* dans les phrases suivantes.

Le chef de la harde se promène en tête de file et il _____ une allure

imposante. Ce mâle serait sans doute agressif s'il voyait un humain, même

_____ des mètres de lui. Il _____ la responsabilité de plusieurs autres bêtes,

ce qui le rend protecteur _____ souhait. Le chef bénéficie du respect des

autres loups de la meute, _____ qui il rend plusieurs services. Les loups ont

vraiment un sens de l'organisation _____ toute épreuve !

ses/ces	Comment le reconnaître ?	Exemples
ses	• C'est un déterminant. • On peut ajouter *à lui* ou *à elle* après le nom.	à lui Il attend **ses** amis.
ces	• C'est un déterminant. • On peut ajouter *-là* après le nom.	– là **Ces** gens aiment ces soirées.

3 ▸ **Écris** *ses* ou *ces* dans les phrases suivantes.

La louve se prépare pour la naissance de _____ petits. Elle concentre

_____ efforts pour trouver un lieu sécuritaire pour protéger _____ bébés.

_____ petits gestes que posent toutes les louves permettent aux bébés

de naître dans de bonnes conditions. La louve fait tout ce qu'elle peut pour

assurer à _____ petits un environnement qui leur permettra de bien grandir.

_____ louveteaux sont très bien traités !

peu/peut/peux	Comment le reconnaître ?	Exemples
peu	• On peut remplacer **peu** par *une petite quantité*.	une petite quantité Il y a **peu** de traces sur le sol.
peut	• C'est le verbe *pouvoir* (3ᵉ p. s.), au présent de l'indicatif. • On peut remplacer **peut** par **pouvait**.	pouvait On **peut** distinguer ses griffes.
peux	• C'est le verbe *pouvoir* (1ʳᵉ ou 2ᵉ p. s.), au présent de l'indicatif. • On peut remplacer **peux** par **pouvais**.	pouvais Tu **peux** te renseigner.

4 ▶ **Écris** *peu, peut* ou *peux* dans le texte suivant.

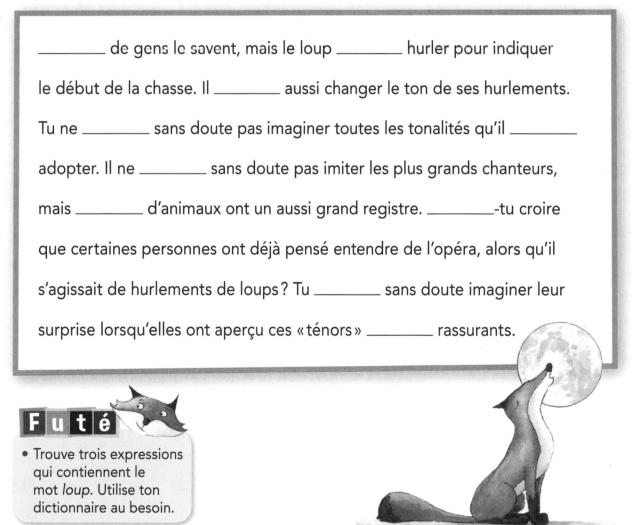

_____ de gens le savent, mais le loup _____ hurler pour indiquer

le début de la chasse. Il _____ aussi changer le ton de ses hurlements.

Tu ne _____ sans doute pas imaginer toutes les tonalités qu'il _____

adopter. Il ne _____ sans doute pas imiter les plus grands chanteurs,

mais _____ d'animaux ont un aussi grand registre. _____-tu croire

que certaines personnes ont déjà pensé entendre de l'opéra, alors qu'il

s'agissait de hurlements de loups ? Tu _____ sans doute imaginer leur

surprise lorsqu'elles ont aperçu ces « ténors » _____ rassurants.

Futé

• Trouve trois expressions qui contiennent le mot *loup*. Utilise ton dictionnaire au besoin.

Mystérieuse disparition au carnaval

Tu connais maintenant plusieurs fêtes qui ont lieu un peu partout dans le monde. Abordons une fête bien de chez nous, le Carnaval de Québec. Imaginons une aventure qui pourrait très bien avoir lieu lors de cette amusante fête hivernale.

Gabrielle et Louis sont fous de joie : leurs parents les amènent au Carnaval de Québec ! Vite, toute la famille s'habille chaudement.

En arrivant sur le site, Gabrielle aperçoit une affiche qui attire son attention : *Balade en traîneau à chiens jusqu'à 15 h.* Elle veut absolument essayer cette activité ! Toute la famille se dirige donc vers le site des traîneaux à chiens. Soudain, on entend des cris. Que se passe-t-il ? Plusieurs employés passent en coup de vent près d'eux. En arrivant au lieu de départ des balades, Gabrielle et sa famille apprennent une très mauvaise nouvelle : un chien a disparu. Il faut absolument le retrouver.

À toi de continuer cette histoire. Rédige **deux péripéties** vécues par la famille pour tenter de retrouver le chien.

Étape 1   Je planifie mon texte.

a) Que dois-tu écrire ? _____

b) Où puiseras-tu tes idées ? _____

Étape 2   Je note mes idées.

Note quatre actions que pourrait faire la famille pour tenter de retrouver le chien disparu. Ensuite, surligne les deux actions que tu préfères.

1 _____

2 _____

3 _____

4 _____

Étape 3   Je rédige mon brouillon.

a) Écris ton premier jet. Rédige deux péripéties.
Chacune doit contenir au moins quatre phrases.

b) Vérifie maintenant ton texte. Sers-toi des éléments suivants.
Lorsque tu as vérifié un élément, coche sa case.

c) S'il manque un élément, modifie ton texte.

1. Chaque péripétie contient au moins quatre phrases.

2. Les actions visent toutes à retrouver le chien.

3. Les personnages principaux sont Gabrielle, Louis et leurs parents.

Étape 4   Je corrige mon texte.

Sers-toi des éléments suivants pour corriger ton texte.

a) Relis ton texte. À chaque lecture, concentre-toi sur un seul élément.

b) Lorsque tu as vérifié un élément, coche sa case.

1. J'ai mis une majuscule au début et un point à la fin de chaque phrase.

2. Je m'assure que tous les mots sont là.

3. J'ai bien orthographié mes mots.

4. J'ai accordé mes groupes du nom.

5. J'ai accordé mes verbes avec leur sujet.

Étape 5   Je mets mon texte au propre.

🐾 J'orthographie

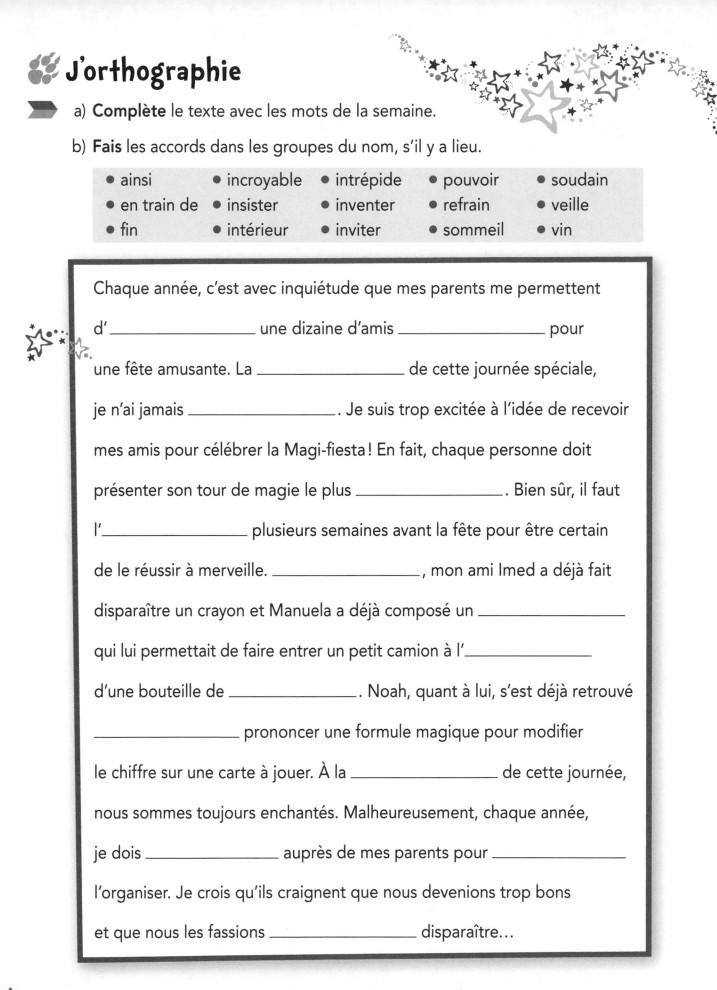

a) **Complète** le texte avec les mots de la semaine.

b) **Fais** les accords dans les groupes du nom, s'il y a lieu.

• ainsi	• incroyable	• intrépide	• pouvoir	• soudain
• en train de	• insister	• inventer	• refrain	• veille
• fin	• intérieur	• inviter	• sommeil	• vin

Chaque année, c'est avec inquiétude que mes parents me permettent

d' _____ une dizaine d'amis _____ pour

une fête amusante. La _____ de cette journée spéciale,

je n'ai jamais _____. Je suis trop excitée à l'idée de recevoir

mes amis pour célébrer la Magi-fiesta ! En fait, chaque personne doit

présenter son tour de magie le plus _____. Bien sûr, il faut

l' _____ plusieurs semaines avant la fête pour être certain

de le réussir à merveille. _____, mon ami Imed a déjà fait

disparaître un crayon et Manuela a déjà composé un _____

qui lui permettait de faire entrer un petit camion à l'_____

d'une bouteille de _____. Noah, quant à lui, s'est déjà retrouvé

_____ prononcer une formule magique pour modifier

le chiffre sur une carte à jouer. À la _____ de cette journée,

nous sommes toujours enchantés. Malheureusement, chaque année,

je dois _____ auprès de mes parents pour _____

l'organiser. Je crois qu'ils craignent que nous devenions trop bons

et que nous les fassions _____ disparaître…

1 a) **Souligne** les verbes conjugués dans les phrases suivantes.

b) **Prouve** qu'il s'agit bien d'un verbe conjugué.
Utilise la manipulation de ton choix.

Les enfants adorent décorer le sapin de Noël en famille. Certains écoutent de la musique. D'autres préfèrent chanter. Quelques familles profitent de ce moment pour préparer les biscuits du père Noël. D'autres familles décorent également tout le reste de la maison avec des guirlandes, des couronnes et des dessins de Noël.

2 **Conjugue** les verbes au futur proche.

1. fêter : je _____

2. faire : on _____

3. réfléchir : nous _____

4. savoir : vous _____

3 a) **Souligne** les verbes conjugués.

b) **Entoure** les verbes à l'infinitif.

1. À Venise, en février, les touristes apprécient le carnaval.

2. Pendant une semaine, presque tous les habitants de la ville se costument.

3. Ils peuvent aussi se maquiller ou porter un masque.

4. Ainsi déguisés, les gens sont moins timides pour aller vers les autres.

5. Cette fête ravit toutes les personnes qui aiment jouer un personnage, l'espace de quelques heures !

Une finale carnavalesque

Fais les activités suivantes. Après chaque activité, note les lettres demandées. Chaque lettre t'indiquera une partie du dessin à colorier. Tu trouveras ainsi ce qu'il cache.

1 **Souligne** les sujets dans les phrases suivantes.

Le carnaval de Venise est une belle fête. Durant plusieurs jours,

des jongleurs, des musiciens et des acrobates animent les rues.

Ils présentent tour à tour des spectacles sur la place Saint-Marc.

▶ Relève la première lettre de chaque sujet souligné : _____

2 **Entoure** les verbes qui sont conjugués à l'imparfait de l'indicatif.

1. tu demandes
2. il fêtait
3. nous jonglions
4. vous oublierez
5. j'espérais
6. il appelle

▶ Relève la première lettre des verbes à l'imparfait : _____

3 **Écris** chaque fois le bon homophone.

Le louveteau (a/à) _____ une vie très agréable : il se chamaille (ou/où)

_____ joue avec (ces/ses) _____ compagnons. (Ces/Ses) _____

petits ont très (peu/peut/peux) _____ de soucis. (A/À) _____ dix

mois, un jeune loup (peu/peut/peux) _____ chasser comme un adulte.

▶ Relève la première lettre des mots ajoutés : _____

Aide-mémoire

🐾 Mes stratégies de lecture

Avant la lecture

1 **Je survole le texte.**

- Je lis le titre, le ou les sous-titres et les intertitres.

- J'observe les illustrations et les schémas. Je lis les légendes qui les accompagnent.

- Je me demande de quoi parle le texte.

Pendant la lecture des phrases difficiles

2 **Je tiens compte des signes de ponctuation.**

- Je repère le point, le point d'interrogation ou le point d'exclamation. Ils m'indiquent où la phrase se termine. Ils me permettent aussi de savoir si on pose une question, ou si on exprime une émotion.

- J'observe le tiret. Il m'indique qu'un personnage parle.

- J'observe la virgule. Elle me permet de repérer les énumérations et les groupes de mots qui vont bien ensemble.

3 **Je cherche les mots importants dans la phrase.**

- Je souligne les mots importants qui donnent du sens à la phrase. Ils m'aident à mieux comprendre de quoi il est question.

> Ex. : La **baudroie** se déplace dans l'océan à l'aide de ses longues nageoires.

4 Je dégage l'information importante dans les phrases longues ou difficiles.

- Je me demande de qui ou de quoi parle la phrase.
- Je souligne la partie la plus importante.

5 J'utilise un dictionnaire.

- Je cherche le sens d'un mot nouveau dans un outil de référence.
- Je relis la phrase en gardant la définition du mot en tête.
- Je m'assure que la phrase a du sens.

Pendant la lecture du texte

6 Je prédis la suite à l'aide d'indices du texte.

- Je lis un passage, puis je m'arrête. Je fais des prédictions.
  - Si je lis une **histoire**, j'essaie d'imaginer la suite.
  - Si je lis un **texte informatif**, j'essaie de trouver de quoi parlera le passage suivant.
- Je poursuis ma lecture et je vérifie si mes prédictions étaient correctes. Si elles sont incorrectes, je tiens compte de ce que j'ai découvert pour faire d'autres prédictions.

7 Je repère les mots de substitution.

- J'identifie les mots ou les groupes de mots qui répètent une même information dans un texte. Il peut s'agir de pronoms (ex. : il, elles) ou de groupes du nom (ex. : Léo, l'enfant).
- Je me demande ce que ces pronoms ou ces groupes du nom remplacent.
- Je vérifie si ma réponse respecte le sens de la phrase.

> Ex. : **Léo** joue avec le chiot. Il aime tous les animaux.
> L'enfant rêve d'avoir un labrador.

8. Je trouve les mots de relation qui font des liens entre les phrases.

- Je repère les marqueurs de relation.

- Je me demande à quoi ils servent.
  - Est-ce qu'ils annoncent et ordonnent les idées ?
    (Ex. : d'abord, ensuite, finalement, etc.)
  - Est-ce qu'ils indiquent le temps ? (Ex. : lorsque, demain, quand, etc.)

9. Je m'arrête. Je me demande de quoi on parle.

- Après avoir lu quelques phrases, je fais une pause pour me rappeler de quoi parle le texte. Je peux l'écrire ou le dessiner dans la marge.

- Si je n'y arrive pas, je relis et je cherche ce qui m'empêche de comprendre (ex. : un mot nouveau, une phrase longue ou difficile, des mots qui en remplacent d'autres). J'utilise la stratégie appropriée.

Après la lecture du texte

10. Je reformule dans mes mots ce que j'ai compris du texte.

- Je fais un résumé ou un schéma de ce que je retiens.

Mes stratégies d'écriture

Avant l'écriture

Étape 1 Je planifie mon texte.

- Je m'assure de bien comprendre ce que j'ai à faire.

- Je réponds aux questions suivantes :
  - *Quel est le sujet de mon texte ?*
  - *À qui s'adresse-t-il ?*
  - *Dans quel but je l'écris ?*
  - *Quel genre de texte vais-je écrire ? Est-ce une histoire, une lettre, une affiche, etc. ?*

Étape 2 Je note mes idées.

- J'organise mes idées dans un schéma, un tableau ou une carte d'exploration.

- Je consulte des outils qui peuvent m'aider (ex. : banques de mots, images).

- Si possible, j'échange des idées sur le sujet avec mes camarades.

Pendant l'écriture

Étape 3 Je rédige mon brouillon.

- J'écris un premier jet. Je relis mes idées et j'en ajoute de nouvelles, au besoin.

- Je regroupe les idées qui vont ensemble dans un même paragraphe.

- Je m'assure que mes idées s'enchaînent bien.

- Je vérifie si mon texte respecte ce qui est demandé.
  - S'il manque des éléments, je les ajoute.
  - Si certaines parties n'ont pas de lien avec le sujet, je les modifie ou je les supprime.

- Je remplace les mots qui se répètent souvent par d'autres mots (ex. : pronoms, synonymes).

130 **Aide-mémoire**

8 Je trouve les mots de relation qui font des liens entre les phrases.

- Je repère les marqueurs de relation.

- Je me demande à quoi ils servent.
  - Est-ce qu'ils annoncent et ordonnent les idées ?
    (Ex. : d'abord, ensuite, finalement, etc.)
  - Est-ce qu'ils indiquent le temps ? (Ex. : lorsque, demain, quand, etc.)

9 Je m'arrête. Je me demande de quoi on parle.

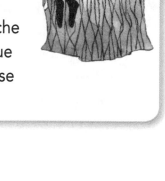

- Après avoir lu quelques phrases, je fais une pause pour me rappeler de quoi parle le texte.
  Je peux l'écrire ou le dessiner dans la marge.

- Si je n'y arrive pas, je relis et je cherche ce qui m'empêche de comprendre (ex. : un mot nouveau, une phrase longue ou difficile, des mots qui en remplacent d'autres). J'utilise la stratégie appropriée.

Après la lecture du texte

10 Je reformule dans mes mots ce que j'ai compris du texte.

- Je fais un résumé ou un schéma de ce que je retiens.

🐾 Mes stratégies d'écriture

Avant l'écriture

Étape 1 Je planifie mon texte.

- Je m'assure de bien comprendre ce que j'ai à faire.

- Je réponds aux questions suivantes :
  - *Quel est le sujet de mon texte ?*
  - *À qui s'adresse-t-il ?*
  - *Dans quel but je l'écris ?*
  - *Quel genre de texte vais-je écrire ? Est-ce une histoire, une lettre, une affiche, etc. ?*

Étape 2 Je note mes idées.

- J'organise mes idées dans un schéma, un tableau ou une carte d'exploration.

- Je consulte des outils qui peuvent m'aider (ex. : banques de mots, images).

- Si possible, j'échange des idées sur le sujet avec mes camarades.

Pendant l'écriture

Étape 3 Je rédige mon brouillon.

- J'écris un premier jet. Je relis mes idées et j'en ajoute de nouvelles, au besoin.

- Je regroupe les idées qui vont ensemble dans un même paragraphe.

- Je m'assure que mes idées s'enchaînent bien.

- Je vérifie si mon texte respecte ce qui est demandé.
  - S'il manque des éléments, je les ajoute.
  - Si certaines parties n'ont pas de lien avec le sujet, je les modifie ou je les supprime.

- Je remplace les mots qui se répètent souvent par d'autres mots (ex. : pronoms, synonymes).

130 **Aide-mémoire**

Étape 4 — Je corrige mon texte.

- Je mets la ponctuation nécessaire.
  - La majuscule et le point approprié.
  - Les virgules dans les énumérations.

- Je relis chaque phrase pour m'assurer que tous les mots sont là.

- Je vérifie l'orthographe des mots à l'aide d'un outil de référence, au besoin.

- Je vérifie les accords dans chaque groupe du nom.

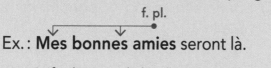

Ex. : **Mes bonnes amies** seront là.

- Je vérifie l'accord de chaque verbe avec son sujet.

2e p. s.

Ex. : **Tu participes** à ce concours.

Après l'écriture

Étape 5 — Je mets mon texte au propre.

- Je relis mon texte une dernière fois.

- Au besoin, je l'illustre.

- Si possible, je le fais lire.

🐾 Mes mots d'orthographe

Thème 1

Semaine 1
autre (pron.)
bec (n. m.)
bien (n. m.)
debout (adv.)
défi (n. m.)
être (n. m.)
lac (n. m.)
le (pron.)/l'/la/les
parmi (prép.)
pire (adj.)
quatrième (adj.)
　(n. m.) (n. f.)/4e
retour (n. m.)
tour (n. f.)

_____

Semaine 2
agriculture (n. f.)
aucun (dét.)/
　aucune/aucunes/
　aucuns
éclater (v.)
la plupart (pron.)/
　la plupart des (dét.)
oser (v.)
plein de (dét.)
sable (n. m.)
sauf (prép.)
selon (prép.)
sens (n. m.)
sinon (conj.)
ski (n. m.)
soi (pron.)
sol (n. m.)
surprise (n. f.)

Semaine 3
boule (n. f.)
cabane (n. f.)
cent (n. m.)
centimètre (n. m.)/
　cm
doute (n. m.)
gramme (n. m.)/g
hâte (n. f.)
kilomètre (n. m.)/km
malgré (prép.)
mode (n. f.) (n. m.)
parole (n. f.)
poste (n. f.) (n. m.)
pupitre (n. m.)
réponse (n. f.)
reste (n. m.)
seconde (n. f.)/s

Semaine 4
aventure (n. f.)
bon (n. m.)
carton (n. m.)
crayon (n. m.)
horizon (n. m.)
pardon (n. m.)
pont (n. m.)
prison (n. f.)
pur (adj.)/pure
salon (n. m.)

_____

_____

_____

Thème 2

Semaine 1
compagnie (n. f.)
compte (n. m.)
empêcher (v.)
emporter (v.)
ensemble (n. m.)
framboise (n. f.)
immense (adj.)
impossible (adj.)
impression (n. f.)
lampe (n. f.)
nommer (v.)
recommencer (v.)
ressembler (v.)
simple (adj.)
sombre (adj.)
sommet (n. m.)
vampire (n. m.)

Semaine 2
assurer (v.)
casser (v.)
chaussure (n. f.)
dessous (adv.) (n. m.)
dessus (adv.) (n. m.)
essayer (v.)
maître/maitre^or
　(n. m.)/maîtresse/
　maitresse^or (n. f.)
message (n. m.)
messe (n. f.)
mission (n. f.)
passé (n. m.)
poussière (n. f.)
presser (v.)
ramasser (v.)
repasser (v.)
tresse (n. f.)

Semaine 3
agir (v.)
ajouter (v.)
conduire (v.)
construire (v.)
contenir (v.)
détruire (v.)
élire (v.)
exister (v.)
fumer (v.)
partir (v.)
placer (v.)
repartir (v.)
représenter (v.)
sourire (n. m.) (v.)
souvenir, se (v.)
suffire (v.)
tenir (v.)
transformer (v.)

Semaine 4
ailleurs (adv.)
brouillard (n. m.)
bulle (n. f.)
caillou (n. m.)
cuiller (n. f.)/
　cuillère
dollar (n. m.)
échelle (n. f.)
fillette (n. f.)
mademoiselle (n. f.)/
　Mlle/
　mesdemoiselles
médaille (n. f.)
nouvelle (n. f.)
paille (n. f.)
papillon (n. m.)
ruelle (n. f.)

Semaine 1

avant-hier (adv.)

de temps en temps (adv.)

dragon (n. m.)

éloigner (v.)

fatiguer (v.)

garde (n. m.) (n. f.)

goût / gout[or] (n. m.)

grave (adj.)

hier (adv.)

magnifique (adj.)

quelquefois (adv.)

regard (n. m.)

rendez-vous (n. m.)

signe (n. m.)

tout à coup (adv.)

toutefois (adv.)

_____

_____

Semaine 2

ange (n. m.)

arranger (v.)

bouger (v.)

cage (n. f.)

courage (n. m.)

dangereux (adj.) / dangereuse

étage (n. m.)

étrange (adj.)

geste (n. m.)

imaginer (v.)

magie (n. f.)

magique (adj.)

mariage (n. m.)

mélange (n. m.)

obliger (v.)

ouvrage (n. m.)

singe (n. m.)

_____

_____

Semaine 3

affreux (adj.) / affreuse

ancien (adj.) / ancienne

champion (n. m.) / championne (n. f.)

chanceux (adj.) / chanceuse

creux (adj.) / creuse

curieux (adj.) / curieuse

délicieux (adj.) / délicieuse

directeur (n. m.) / directrice (n. f.)

distance (n. m.)

gardien (n. m.) / gardienne (n. f.)

joueur (n. m.) / joueuse (n. f.)

malheureux (adj.) / malheureuse

merveilleux (adj.) / merveilleuse

nombreux (adj.) / nombreuse

normal (adj.) / normaux / normale / normales

silence (n. m.)

sorcier (n. m.) / sorcière (n. f.)

travail (n. m.) / travaux (n. m.)

Semaine 4

avance (n. f.)

capable (adj.)

centre (n. m.)

cirque (n. m.)

confiance (n. f.)

corde (n. f.)

coupe (n. f.)

couper (v.)

cycle (n. m.)

décider (v.)

espace (n. m.)

façon (n. f.)

lance (n. f.)

médecin (n. m.) (n. f.)

minuscule (adj.)

racisme (n. m.)

_____

_____

Semaine 1

accident (n. m.)
apparaître /
  apparaitre^{or} (v.)
attacher (v.)
bicyclette (n. f.)
bottine (n. f.)
cachette (n. f.)
échapper (v.)
grotte (n. f.)
lunette (n. f.)
net (adj.) /
  nette
occasion (n. f.)
quitter (v.)
rapporter (v.)
soccer (n. m.)
toilette (n. f.)

_____

_____

Semaine 2

arracher (v.)
arrière (n. m.)
arrivée (n. f.)
bizarre (adj.)
derrière (n. m.)
différent (adj.) /
  différente
difficile (adj.)
difficulté (n. f.)
effet (n. m.)
effroyable (adj.)
horreur (n. f.)
marraine (n. f.)
parrain (n. m.)
serrer (v.)
souffle (n. m.)
terrible (adj.)

_____

_____

Semaine 3

annoncer (v.)
apercevoir (v.)
asseoir /
  assoir^{or} (v.)
besoin (n. m.)
connaître /
  connaitre^{or} (v.)
direction (n. f.)
émotion (n. f.)
ennuyer, s' (v.)
espoir (n. m.)
imagination (n. f.)
opération (n. f.)
pardonner (v.)
pointe (n. f.)
revoir (v.)
situation (n. f.)
solution (n. f.)

_____

_____

Semaine 4

ainsi (adv.)
en train de (prép.)
fin (n. f.)
incroyable (adj.)
insister (v.)
intérieur (adj.)
  (n. m.) /
  intérieure (adj.)
intrépide (adj.)
inventer (v.)
inviter (v.)
pouvoir (n. m.)
refrain (n. m.)
sommeil (n. m.)
soudain (adj.) (adv.) /
  soudaine (adj.)
veille (n. f.)
vin (n. m.)

_____

_____

🐾 Mes tableaux de conjugaison

AVOIR				
	Présent	**Imparfait**	**Futur simple**	**Conditionnel présent**
1re p. s.	j' ai	j' avais	j' aurai	j' aurais
2e p. s.	tu as	tu avais	tu auras	tu aurais
3e p. s.	il/elle/on a	il/elle/on avait	il/elle/on aura	il/elle/on aurait
1re p. pl.	nous avons	nous avions	nous aurons	nous aurions
2e p. pl.	vous avez	vous aviez	vous aurez	vous auriez
3e p. pl.	ils/elles ont	ils/elles avaient	ils/elles auront	ils/elles auraient

ÊTRE				
	Présent	**Imparfait**	**Futur simple**	**Conditionnel présent**
1re p. s.	je suis	j' étais	je serai	je serais
2e p. s.	tu es	tu étais	tu seras	tu serais
3e p. s.	il/elle/on est	il/elle/on était	il/elle/on sera	il/elle/on serait
1re p. pl.	nous sommes	nous étions	nous serons	nous serions
2e p. pl.	vous êtes	vous étiez	vous serez	vous seriez
3e p. pl.	ils/elles sont	ils/elles étaient	ils/elles seront	ils/elles seraient

ALLER				
	Présent	**Imparfait**	**Futur simple**	**Conditionnel présent**
1re p. s.	je vais	j' allais	j' irai	j' irais
2e p. s.	tu vas	tu allais	tu iras	tu irais
3e p. s.	il/elle/on va	il/elle/on allait	il/elle/on ira	il/elle/on irait
1re p. pl.	nous allons	nous allions	nous irons	nous irions
2e p. pl.	vous allez	vous alliez	vous irez	vous iriez
3e p. pl.	ils/elles vont	ils/elles allaient	ils/elles iront	ils/elles iraient

AIMER

	Présent	Imparfait	Futur simple	Conditionnel présent
1re p. s.	j' aime	j' aimais	j' aimerai	j' aimerais
2e p. s.	tu aimes	tu aimais	tu aimeras	tu aimerais
3e p. s.	il/elle/on aime	il/elle/on aimait	il/elle/on aimera	il/elle/on aimerait
1re p. pl.	nous aimons	nous aimions	nous aimerons	nous aimerions
2e p. pl.	vous aimez	vous aimiez	vous aimerez	vous aimeriez
3e p. pl.	ils/elles aiment	ils/elles aimaient	ils/elles aimeront	ils/elles aimeraient

FINIR

	Présent	Imparfait	Futur simple	Conditionnel présent
1re p. s.	je finis	je finissais	je finirai	je finirais
2e p. s.	tu finis	tu finissais	tu finiras	tu finirais
3e p. s.	il/elle/on finit	il/elle/onfinissait	il/elle/on finira	il/elle/on finirait
1re p. pl.	nous finissons	nous finissions	nous finirons	nous finirions
2e p. pl.	vous finissez	vous finissiez	vous finirez	vous finiriez
3e p. pl.	ils/elles finissent	ils/elles finissaient	ils/elles finiront	ils/elles finiraient